70 Ejercicios para Aprender Pandas.

Nivel Básico.

Introducción.

Pandas es una de las herramientas más poderosas y populares en el mundo de la ciencia de datos y el análisis de datos en Python. Su flexibilidad y capacidad para trabajar con datos tabulares hacen que sea fundamental para cualquier persona que busque manejar, limpiar, transformar y analizar datos.

Este libro, "70 Ejercicios para Aprender Pandas", ha sido diseñado con el objetivo de ofrecer un enfoque práctico y aplicado para dominar Pandas a través de ejercicios progresivos. Desde principiantes hasta aquellos con cierta experiencia en Python, este libro proporciona una guía detallada para fortalecer y mejorar las habilidades en el uso de Pandas.

Cada ejercicio ha sido cuidadosamente seleccionado y estructurado para proporcionar una experiencia de aprendizaje gradual y efectiva. Comenzamos desde los conceptos básicos, como la lectura de datos y la manipulación de DataFrames, hasta desafíos más avanzados que involucran operaciones complejas, visualización de datos y técnicas de optimización.

Este libro no solo se centra en la resolución de problemas, sino que también busca fomentar la comprensión de los conceptos clave de Pandas. Cada ejercicio está acompañado de explicaciones claras y comentarios útiles para garantizar que los lectores comprendan no solo cómo realizar una tarea en Pandas, sino también por qué y cuándo utilizar ciertas técnicas.

Esperamos que estos 70 ejercicios brinden a los lectores una sólida base en el uso de Pandas y los preparen para abordar una amplia gama de desafíos en el mundo del análisis de datos.

Índice

CONTENIDO.

1. Manipulación de datos:

- Filtrado y Selección: Ejercicios para seleccionar filas y columnas específicas según criterios definidos.
- Operaciones con Datos: Ejercicios sobre aplicar funciones a columnas, operaciones matemáticas, transformaciones, etc.
- Manejo de Valores Nulos: Actividades para manejar y tratar valores nulos en los datos.
- Operaciones de Cadena: Ejercicios para trabajar con texto en las columnas (extracción, reemplazo, concatenación).

2. Agrupación y Agregación:

- Agrupación de Datos: Ejercicios para agrupar datos basados en columnas específicas.
- Aplicación de Funciones de Agregación: Prácticas sobre la aplicación de funciones de agregación (suma, promedio, conteo, etc.) en grupos de datos.

3. Combinación de Datos:

- Concatenación: Ejercicios para concatenar DataFrames.
- Merge y Join: Actividades para combinar DataFrames basados en columnas comunes.

4. Visualización de Datos:

- Gráficos con Pandas: Ejercicios que incluyan la creación de visualizaciones simples utilizando las capacidades de trazado de Pandas.

5. Problemas del Mundo Real:

- Datos de ejemplo: Proporciona conjuntos de datos que involucren problemas del mundo real (datos financieros, datos de ventas, datos de redes sociales, etc.) y plantea preguntas sobre ellos que requieran manipulación y análisis de datos con Pandas.

6. Optimización y Rendimiento:

- Uso eficiente de Pandas: Desafíos que impliquen manejar grandes conjuntos de datos y cómo optimizar el rendimiento de las operaciones con Pandas.

Ejercicios de Filtrado y Selección.

Ejercicio 1. Filtro y Selección de Datos Básico.

Supongamos que tenemos un conjunto de datos sobre ventas con información detallada sobre productos, cantidades vendidas, precios y fechas de venta:

```python
import pandas as pd
import numpy as np
from datetime import datetime

# Crear un DataFrame de ejemplo
data = {
    'Producto': ['A', 'B', 'A', 'C', 'B'],
    'Cantidad': [100, 150, 200, 120, 180],
    'Precio': [10, 15, 12, 8, 14],
    'Fecha_Venta': ['2023-01-01', '2023-01-02', '2023-01-03',
'2023-01-04', '2023-01-05']
}

df = pd.DataFrame(data)

# Convertir la columna 'Fecha_Venta' a tipo datetime
df['Fecha_Venta'] = pd.to_datetime(df['Fecha_Venta'])

print("DataFrame completo:")
print(df)
```

Filtrar ventas de productos con cantidades superiores a 150.
Seleccionar ventas realizadas después del 2023-01-03.
Mostrar solo el producto y la cantidad de esos datos filtrados.

```
# 1. Filtrar ventas de productos con cantidades superiores a
150
cantidades_altas = df[df['Cantidad'] > 150]

print("\nVentas con cantidades superiores a 150:")
print(cantidades_altas)

# 2. Seleccionar ventas realizadas después del 2023-01-03
ventas_post_0303 = df[df['Fecha_Venta'] > '2023-01-03']

print("\nVentas realizadas después del 2023-01-03:")
print(ventas_post_0303)

# 3. Mostrar solo el producto y la cantidad de esos datos
filtrados
subset_resultado = ventas_post_0303[['Producto', 'Cantidad']]

print("\nProducto y Cantidad de ventas después del
2023-01-03:")
print(subset_resultado)
```

Este ejemplo ilustra cómo puedes realizar múltiples operaciones de filtrado y selección en un DataFrame usando Pandas en Python para trabajar con conjuntos de datos más complejos.

Resultado:

DataFrame completo:

	Producto	Cantidad	Precio	Fecha_Venta
0	A	100	10	2023-01-01
1	B	150	15	2023-01-02
2	A	200	12	2023-01-03
3	C	120	8	2023-01-04
4	B	180	14	2023-01-05

Ventas con cantidades superiores a 150:

	Producto	Cantidad	Precio	Fecha_Venta
2	A	200	12	2023-01-03
4	B	180	14	2023-01-05

Ventas realizadas después del 2023-01-03:

	Producto	Cantidad	Precio	Fecha_Venta
3	C	120	8	2023-01-04
4	B	180	14	2023-01-05

Producto y Cantidad de ventas después del 2023-01-03:

	Producto	Cantidad
3	C	120
4	B	180

Ejercicio 2. Filtro y Selección de ventas por Ubicación.

Imagina que tienes un conjunto de datos sobre diferentes tiendas con información sobre sus ventas, ubicaciones y beneficios:

```python
import pandas as pd

# Crear un DataFrame de ejemplo
data = {
    'Tienda': ['Tienda A', 'Tienda B', 'Tienda C', 'Tienda A',
'Tienda B'],
    'Ubicacion': ['Ciudad1', 'Ciudad2', 'Ciudad1', 'Ciudad3',
'Ciudad2'],
    'Ventas': [5000, 7000, 5500, 4800, 7200],
    'Beneficio': [1200, 1800, 1500, 1000, 2000]
}

df = pd.DataFrame(data)

print("DataFrame completo:")
print(df)
```

Se requiere realizar las siguientes actividades:

1. Filtrar tiendas con ventas superiores a 6000.
2. Seleccionar tiendas ubicadas en 'Ciudad2'.
3. Mostrar solo la ubicación y el beneficio de esas tiendas.

Solución:

```python
# 1. Filtrar tiendas con ventas superiores a 6000
ventas_altas = df[df['Ventas'] > 6000]

print("\nTiendas con ventas superiores a 6000:")
print(ventas_altas)


# 2. Seleccionar tiendas ubicadas en 'Ciudad2'
tiendas_ciudad2 = df[df['Ubicacion'] == 'Ciudad2']


print("\nTiendas ubicadas en Ciudad2:")
print(tiendas_ciudad2)


# 3. Mostrar solo la ubicación y el beneficio de esas tiendas
subset_resultado = tiendas_ciudad2[['Ubicacion', 'Beneficio']]


print("\nUbicación y Beneficio de tiendas en Ciudad2:")
print(subset_resultado)
```

Resultado:

DataFrame completo:

	Tienda	Ubicacion	Ventas	Beneficio
0	Tienda A	Ciudad1	5000	1200
1	Tienda B	Ciudad2	7000	1800
2	Tienda C	Ciudad1	5500	1500
3	Tienda A	Ciudad3	4800	1000
4	Tienda B	Ciudad2	7200	2000

Tiendas con ventas superiores a 6000:

	Tienda	Ubicacion	Ventas	Beneficio
1	Tienda B	Ciudad2	7000	1800
4	Tienda B	Ciudad2	7200	2000

Tiendas ubicadas en Ciudad2:

	Tienda	Ubicacion	Ventas	Beneficio
1	Tienda B	Ciudad2	7000	1800
4	Tienda B	Ciudad2	7200	2000

Ubicación y Beneficio de tiendas en Ciudad2:

	Ubicacion	Beneficio
1	Ciudad2	1800
4	Ciudad2	2000

Este ejemplo ilustra cómo puedes aplicar múltiples filtros y selecciones en un DataFrame utilizando Pandas en Python para analizar y trabajar con datos específicos según ciertos criterios.

Ejercicio 3. Filtrados y Selecciones (Calificaciones).

Ahora imaginemos un conjunto de datos que contiene información sobre estudiantes, sus calificaciones en diferentes asignaturas y sus edades:

```python
import pandas as pd

# Crear un DataFrame de ejemplo
data = {
    'Estudiante': ['Ana', 'Juan', 'María', 'Pedro', 'Laura'],
    'Edad': [18, 20, 19, 18, 21],
    'Matematicas': [85, 90, 75, 80, 95],
    'Ciencias': [70, 88, 65, 72, 90],
    'Historia': [65, 75, 80, 60, 85]
}

df = pd.DataFrame(data)

print("DataFrame completo:")
print(df)
```

Resultado:

```
DataFrame completo:
  Estudiante  Edad  Matematicas  Ciencias  Historia
0        Ana    18           85        70        65
1       Juan    20           90        88        75
2      María    19           75        65        80
3      Pedro    18           80        72        60
4      Laura    21           95        90        85
```

Se requieren las siguientes actividades:

1. Filtrar estudiantes mayores de 18 años.
2. Seleccionar estudiantes que obtuvieron más de 85 en Matemáticas.
3. Mostrar solo el nombre del estudiante y su calificación en Historia para estos estudiantes seleccionados.

Solución:

```python
# 1. Filtrar estudiantes mayores de 18 años
mayores_18 = df[df['Edad'] > 18]

print("\nEstudiantes mayores de 18 años:")
print(mayores_18)

# 2. Seleccionar estudiantes que obtuvieron más de 85 en
Matemáticas
altas_matematicas = df[df['Matematicas'] > 85]

print("\nEstudiantes con calificaciones altas en
Matemáticas:")
print(altas_matematicas)

# 3. Mostrar solo el nombre del estudiante y su calificación
en Historia para estos estudiantes seleccionados
subset_resultado = altas_matematicas[['Estudiante',
'Historia']]

print("\nNombre del estudiante y su calificación en
Historia:")
print(subset_resultado)
```

Resultado:

Estudiantes mayores de 18 años:

	Estudiante	Edad	Matematicas	Ciencias	Historia
1	Juan	20	90	88	75
2	María	19	75	65	80
4	Laura	21	95	90	85

Estudiantes con calificaciones altas en Matemáticas:

	Estudiante	Edad	Matematicas	Ciencias	Historia
1	Juan	20	90	88	75
4	Laura	21	95	90	85

Nombre del estudiante y su calificación en Historia:

	Estudiante	Historia
1	Juan	75
4	Laura	85

Ejercicio 4. Filtrados y Selecciones (Equipos).

Imagina que tienes datos sobre diferentes equipos de fútbol, incluyendo su nombre, la liga en la que compiten y sus resultados en algunos partidos:

```
import pandas as pd

# Crear un DataFrame de ejemplo
data = {
    'Equipo': ['Equipo A', 'Equipo B', 'Equipo C', 'Equipo D',
'Equipo E'],
    'Liga': ['Liga1', 'Liga2', 'Liga1', 'Liga2', 'Liga1'],
    'Partidos_Jugados': [10, 12, 11, 9, 10],
    'Victorias': [6, 8, 4, 3, 7]
}

df = pd.DataFrame(data)

print("DataFrame completo:")
print(df)
```

Realizar la Siguiente actividad:

1. Filtrar equipos que hayan jugado más de 10 partidos.
2. Seleccionar equipos que compitan en 'Liga1'.
3. Mostrar solo el nombre del equipo y el porcentaje de victorias para esos equipos seleccionados.

Solución:

```
# 1. Filtrar equipos que hayan jugado más de 10 partidos

mas_10_partidos = df[df['Partidos_Jugados'] > 10]
```

```python
print("\nEquipos que han jugado más de 10 partidos:")

print(mas_10_partidos)


# 2. Seleccionar equipos que compitan en 'Liga1'

liga1_equipos = df[df['Liga'] == 'Liga1']


print("\nEquipos que compiten en Liga1:")

print(liga1_equipos)


# 3. Mostrar solo el nombre del equipo y el porcentaje de
victorias para esos equipos seleccionados

liga1_porcentaje_victorias = liga1_equipos.copy()

liga1_porcentaje_victorias['Porcentaje_Victorias'] =
(liga1_porcentaje_victorias['Victorias'] /
liga1_porcentaje_victorias['Partidos_Jugados']) * 100

subset_resultado = liga1_porcentaje_victorias[['Equipo',
'Porcentaje_Victorias']]


print("\nNombre del equipo y porcentaje de victorias en
Liga1:")

print(subset_resultado)
```

Solución:

DataFrame completo:

	Equipo	Liga	Partidos_Jugados	Victorias
0	Equipo A	Liga1	10	6
1	Equipo B	Liga2	12	8
2	Equipo C	Liga1	11	4
3	Equipo D	Liga2	9	3
4	Equipo E	Liga1	10	7

Equipos que han jugado más de 10 partidos:

	Equipo	Liga	Partidos_Jugados	Victorias
1	Equipo B	Liga2	12	8
2	Equipo C	Liga1	11	4

Equipos que compiten en Liga1:

	Equipo	Liga	Partidos_Jugados	Victorias
0	Equipo A	Liga1	10	6
2	Equipo C	Liga1	11	4
4	Equipo E	Liga1	10	7

Nombre del equipo y porcentaje de victorias en Liga1:

	Equipo	Porcentaje_Victorias
0	Equipo A	60.000000
2	Equipo C	36.363636
4	Equipo E	70.000000

Este ejemplo ilustra cómo puedes aplicar filtrados y selecciones en un DataFrame utilizando Pandas en Python para trabajar con datos de diferentes equipos y calcular métricas específicas para análisis posteriores.

Ejercicio 5: Filtro y Clasificación de Películas.

Consideremos un conjunto de datos que contiene información sobre diferentes películas, incluyendo sus géneros, duraciones y calificaciones:

```
import pandas as pd

# Crear un DataFrame de ejemplo
data = {
 'Pelicula': ['Pelicula A', 'Pelicula B', 'Pelicula C',
'Pelicula D', 'Pelicula E'],
 'Genero': ['Accion', 'Comedia', 'Drama', 'Accion',
'Comedia'],
 'Duracion_minutos': [120, 95, 110, 130, 105],
 'Calificacion': [8.5, 7.8, 6.9, 8.0, 7.5]
}

df = pd.DataFrame(data)

print("DataFrame completo:")
print(df)
```

Ahora, supongamos que queremos realizar algunas operaciones:

> Filtrar películas con duración superior a 100 minutos.
> Seleccionar películas del género 'Comedia'.
> Mostrar solo el nombre de la película y su calificación para las películas seleccionadas.

Solución:

Podemos hacerlo así:

```
# 1. Filtrar películas con duración superior a 100 minutos
duracion_superior_100 = df[df['Duracion_minutos'] > 100]

print("\nPelículas con duración superior a 100 minutos:")
print(duracion_superior_100)
```

```
# 2. Seleccionar películas del género 'Comedia'
comedia_pelis = df[df['Genero'] == 'Comedia']

print("\nPelículas del género Comedia:")
print(comedia_pelis)

# 3. Mostrar solo el nombre de la película y su calificación
para las películas seleccionadas
subset_resultado = comedia_pelis[['Pelicula', 'Calificacion']]

print("\nNombre de la película y calificación para películas
de Comedia:")
print(subset_resultado)
```

Este ejemplo muestra cómo puedes utilizar Pandas en Python para filtrar y seleccionar datos específicos en un DataFrame relacionado con películas, según diferentes criterios como duración, género y calificación.

Resultado:

DataFrame completo:

	Pelicula	Genero	Duracion_minutos	Calificacion
0	Pelicula A	Accion	120	8.5
1	Pelicula B	Comedia	95	7.8
2	Pelicula C	Drama	110	6.9
3	Pelicula D	Accion	130	8.0
4	Pelicula E	Comedia	105	7.5

Películas con duración superior a 100 minutos:

	Pelicula	Genero	Duracion_minutos	Calificacion
0	Pelicula A	Accion	120	8.5
2	Pelicula C	Drama	110	6.9
3	Pelicula D	Accion	130	8.0
4	Pelicula E	Comedia	105	7.5

Películas del género Comedia:

	Pelicula	Genero	Duracion_minutos	Calificacion

1 Pelicula B Comedia   95   7.8
4 Pelicula E Comedia   105   7.5

Nombre de la película y calificación para películas de Comedia:
   Pelicula Calificacion
1 Pelicula B   7.8
4 Pelicula E   7.5

Operaciones con Datos.

Ejercicio 6. Operaciones Matemáticas y Transformaciones (Calificaciones)

Imagina que tienes un conjunto de datos sobre el rendimiento de estudiantes en diferentes asignaturas, y quieres realizar operaciones matemáticas y transformaciones en estas calificaciones:

```python
import pandas as pd

# Crear un DataFrame de ejemplo
data = {
    'Estudiante': ['Ana', 'Juan', 'María', 'Pedro', 'Laura'],
    'Matematicas': [85, 90, 75, 80, 95],
    'Ciencias': [70, 88, 65, 72, 90],
    'Historia': [65, 75, 80, 60, 85]
}

df = pd.DataFrame(data)

print("DataFrame completo:")
print(df)
```

Ahora, supongamos que queremos realizar algunas operaciones:

1. Calcular el promedio de cada estudiante en todas las asignaturas.
2. Aplicar una función para asignar una calificación de 'Aprobado' o 'Reprobado' basada en un umbral del 70%.

Podemos hacerlo así:

Solución:

```python
# 1. Calcular el promedio de cada estudiante en todas las
asignaturas
df['Promedio'] = df[['Matematicas', 'Ciencias',
'Historia']].mean(axis=1)

print("\nDataFrame con promedio de cada estudiante:")
print(df)

# 2. Aplicar una función para asignar 'Aprobado' o 'Reprobado'
basado en un umbral del 70%
def estado(calificacion):
    if calificacion >= 70:
        return 'Aprobado'
    else:
        return 'Reprobado'

df['Estado'] = df['Promedio'].apply(estado)

print("\nDataFrame con estado de aprobación/reprobación:")
print(df[['Estudiante', 'Promedio', 'Estado']])
```

Resultado:

DataFrame completo:

	Estudiante	Matematicas	Ciencias	Historia
0	Ana	85	70	65
1	Juan	90	88	75
2	María	75	65	80
3	Pedro	80	72	60
4	Laura	95	90	85

DataFrame con promedio de cada estudiante:

	Estudiante	Matematicas	Ciencias	Historia	Promedio
0	Ana	85	70	65	73.333333
1	Juan	90	88	75	84.333333
2	María	75	65	80	73.333333

```
3   Pedro        80    72    60 70.666667
4   Laura        95    90    85 90.000000
```

DataFrame con estado de aprobación/reprobación:
```
  Estudiante  Promedio    Estado
0        Ana 73.333333  Aprobado
1       Juan 84.333333  Aprobado
2      María 73.333333  Aprobado
3      Pedro 70.666667  Aprobado
4      Laura 90.000000  Aprobado
```

Este ejemplo ilustra cómo puedes realizar operaciones matemáticas como calcular promedios y aplicar funciones a columnas para realizar transformaciones basadas en criterios específicos en un DataFrame utilizando Pandas en Python.

Ejercicio 7. Operaciones matemáticas y transformaciones (Ventas)

Consideremos un conjunto de datos que contiene información sobre ventas mensuales en diferentes regiones, y queremos realizar operaciones matemáticas y aplicar transformaciones en estos datos:

```python
import pandas as pd

# Crear un DataFrame de ejemplo
data = {
    'Region': ['Norte', 'Sur', 'Este', 'Oeste'],
    'Enero': [50000, 60000, 55000, 48000],
    'Febrero': [52000, 62000, 58000, 50000],
    'Marzo': [48000, 58000, 54000, 47000]
}

df = pd.DataFrame(data)

print("DataFrame completo:")
print(df)
```

Ahora, supongamos que queremos realizar algunas operaciones:

> Calcular el total de ventas por región en el trimestre.
> Aplicar una función para asignar una etiqueta 'Alto', 'Medio' o 'Bajo' basada en el total de ventas en cada región.

Solución:

Podemos hacerlo así:

```python
# 1. Calcular el total de ventas por región en el trimestre
df['Total_Trimestral'] = df[['Enero', 'Febrero',
'Marzo']].sum(axis=1)

print("\nDataFrame con total de ventas por región en el
trimestre:")
print(df)

# 2. Aplicar una función para asignar etiquetas 'Alto',
'Medio' o 'Bajo' basado en los totales de ventas
def etiqueta_ventas(total):
 if total >= 170000:
 return 'Alto'
 elif total >= 150000:
 return 'Medio'
 else:
 return 'Bajo'

df['Etiqueta_Ventas'] =
df['Total_Trimestral'].apply(etiqueta_ventas)

print("\nDataFrame con etiquetas de ventas por región:")
print(df[['Region', 'Total_Trimestral', 'Etiqueta_Ventas']])
```

En este ejemplo, aplicamos operaciones matemáticas para obtener el total de ventas por región en el trimestre y luego utilizamos una función para asignar etiquetas a estas regiones según el nivel de ventas totales en el trimestre. Esto se hace utilizando Pandas en Python para realizar transformaciones y análisis en un DataFrame.

Resultado:

```
DataFrame completo:
  Region Enero Febrero Marzo
0 Norte 50000   52000 48000
1  Sur 60000   62000 58000
2 Este 55000   58000 54000
3 Oeste 48000   50000 47000
```

DataFrame con total de ventas por región en el trimestre:

	Region	Enero	Febrero	Marzo	Total_Trimestral
0	Norte	50000	52000	48000	150000
1	Sur	60000	62000	58000	180000
2	Este	55000	58000	54000	167000
3	Oeste	48000	50000	47000	145000

DataFrame con etiquetas de ventas por región:

	Region	Total_Trimestral	Etiqueta_Ventas
0	Norte	150000	Medio
1	Sur	180000	Alto
2	Este	167000	Medio
3	Oeste	145000	Bajo

Ejercicio 8. Desempeño Financiero.

Consideremos un conjunto de datos que contiene información sobre el desempeño financiero de diferentes empresas en varios trimestres, y queremos realizar operaciones matemáticas y aplicar transformaciones en estos datos:

```
import pandas as pd

# Crear un DataFrame de ejemplo
data = {
  'Empresa': ['Empresa A', 'Empresa B', 'Empresa C', 'Empresa
D'],
  'Trimestre1': [500000, 600000, 550000, 480000],
  'Trimestre2': [520000, 620000, 580000, 500000],
  'Trimestre3': [480000, 580000, 540000, 470000]
}

df = pd.DataFrame(data)

print("DataFrame completo:")
print(df)
```

Ahora, supongamos que queremos realizar algunas operaciones:

> 1.Calcular el promedio de ingresos por trimestre para cada empresa.
> **Aplicar una función para asignar una etiqueta 'Creciente', 'Estable' o 'Decreciente' basada en el promedio de ingresos en los trimestres.

Resultado:

Podemos hacerlo así:

```
# 1. Calcular el promedio de ingresos por trimestre para cada empresa
df['Promedio_Trimestral'] = df[['Trimestre1', 'Trimestre2',
'Trimestre3']].mean(axis=1)

print("\nDataFrame con promedio de ingresos por trimestre para
cada empresa:")
print(df)
```

```
# 2. Aplicar una función para asignar etiquetas 'Creciente',
'Estable' o 'Decreciente' basado en los promedios de ingresos
def etiqueta_ingresos(promedio):
 if promedio > 550000:
 return 'Creciente'
 elif promedio >= 500000:
 return 'Estable'
 else:
 return 'Decreciente'

df['Etiqueta_Ingresos'] =
df['Promedio_Trimestral'].apply(etiqueta_ingresos)

print("\nDataFrame con etiquetas de ingresos para cada
empresa:")
print(df[['Empresa', 'Promedio_Trimestral',
'Etiqueta_Ingresos']])
```

En este ejemplo, calculamos el promedio de ingresos por trimestre para cada empresa y luego aplicamos una función para asignar etiquetas según el comportamiento de estos promedios de ingresos. Este proceso ilustra cómo utilizar Pandas en Python para realizar operaciones matemáticas y transformaciones en un DataFrame relacionado con el desempeño financiero de las empresas.

Resultado:

DataFrame completo:

	Empresa	Trimestre1	Trimestre2	Trimestre3
0	Empresa A	500000	520000	480000
1	Empresa B	600000	620000	580000
2	Empresa C	550000	580000	540000
3	Empresa D	480000	500000	470000

DataFrame con promedio de ingresos por trimestre para cada empresa:

	Empresa	Trimestre1	Trimestre2	Trimestre3	Promedio_Trimestral
0	Empresa A	500000	520000	480000	500000.000000
1	Empresa B	600000	620000	580000	600000.000000
2	Empresa C	550000	580000	540000	556666.666667

3 Empresa D   480000   500000   470000   483333.333333

DataFrame con etiquetas de ingresos para cada empresa:
   Empresa Promedio_Trimestral Etiqueta_Ingresos
0 Empresa A   500000.000000   Estable
1 Empresa B   600000.000000   Creciente
2 Empresa C   556666.666667   Creciente
3 Empresa D   483333.333333   Decreciente

Ejercicio 9. Rendimiento de Productos.

Consideremos un conjunto de datos que contiene información sobre el rendimiento de diferentes productos en ventas trimestrales, y queremos realizar operaciones matemáticas y aplicar transformaciones en estos datos:

```python
import pandas as pd

# Crear un DataFrame de ejemplo
data = {
 'Producto': ['Producto A', 'Producto B', 'Producto C',
'Producto D'],
 'Ventas_Trimestre1': [1000, 1200, 900, 800],
 'Ventas_Trimestre2': [1100, 1300, 950, 820],
 'Ventas_Trimestre3': [1050, 1250, 920, 810]
}

df = pd.DataFrame(data)

print("DataFrame completo:")
print(df)
```

Ahora, supongamos que queremos realizar algunas operaciones:

Calcular la diferencia entre las ventas de cada producto en el último trimestre y el primer trimestre.
**Aplicar una función para asignar una etiqueta 'Alta', 'Moderada' o 'Baja' basada en la diferencia de ventas entre el último trimestre y el primero.

Solución:

Podemos hacerlo así:

```python
# 1. Calcular la diferencia entre las ventas del último trimestre y el
primer trimestre
```

```python
df['Diferencia_Ventas'] = df['Ventas_Trimestre3'] -
df['Ventas_Trimestre1']

print("\nDataFrame con la diferencia de ventas entre el último
y el primer trimestre:")
print(df)

# 2. Aplicar una función para asignar etiquetas 'Alta',
'Moderada' o 'Baja' basado en las diferencias de ventas
def etiqueta_diferencia(diferencia):
 if diferencia > 200:
 return 'Alta'
 elif diferencia >= 100:
 return 'Moderada'
 else:
 return 'Baja'

df['Etiqueta_Diferencia'] =
df['Diferencia_Ventas'].apply(etiqueta_diferencia)

print("\nDataFrame con etiquetas de diferencia de ventas para
cada producto:")
print(df[['Producto', 'Diferencia_Ventas',
'Etiqueta_Diferencia']])
```

En este ejemplo, calculamos la diferencia entre las ventas del último trimestre y el primer trimestre para cada producto, luego aplicamos una función para asignar etiquetas según el nivel de cambio en las ventas. Esto ilustra cómo utilizar Pandas en Python para realizar operaciones matemáticas y transformaciones en un DataFrame relacionado con el rendimiento de los productos en ventas trimestrales.

Resultado:

DataFrame completo:

	Producto	Ventas_Trimestre1	Ventas_Trimestre2	Ventas_Trimestre3
0	Producto A	1000	1100	1050
1	Producto B	1200	1300	1250
2	Producto C	900	950	920
3	Producto D	800	820	810

DataFrame con la diferencia de ventas entre el último y el primer trimestre:

	Producto	Ventas_Trimestre1	Ventas_Trimestre2	Ventas_Trimestre3	Diferencia_Ventas
0	Producto A	1000	1100	1050	50
1	Producto B	1200	1300	1250	50
2	Producto C	900	950	920	20
3	Producto D	800	820	810	10

DataFrame con etiquetas de diferencia de ventas para cada producto:

	Producto	Diferencia_Ventas	Etiqueta_Diferencia
0	Producto A	50	Baja
1	Producto B	50	Baja
2	Producto C	20	Baja
3	Producto D	10	Baja

Ejercicio 10. Desempeño de Empleados.

Consideremos un conjunto de datos que contiene información sobre el desempeño de diferentes empleados en una empresa en términos de ventas mensuales, y queremos realizar operaciones matemáticas y aplicar transformaciones en estos datos:

```python
import pandas as pd

# Crear un DataFrame de ejemplo
data = {
 'Empleado': ['Juan', 'María', 'Pedro', 'Laura'],
 'Ventas_Enero': [5000, 6000, 5500, 4800],
 'Ventas_Febrero': [5200, 6200, 5800, 5000],
 'Ventas_Marzo': [4800, 5800, 5400, 4700]
}

df = pd.DataFrame(data)

print("DataFrame completo:")
print(df)
```

Ahora, supongamos que queremos realizar algunas operaciones:

1. Calcular el total de ventas por empleado en el trimestre.
   **Aplicar una función para asignar una etiqueta 'Alto', 'Medio' o 'Bajo' basada en el total de ventas por empleado.

Solución:

Podemos hacerlo así:

```python
# 1. Calcular el total de ventas por empleado en el trimestre
df['Total_Trimestral'] = df[['Ventas_Enero', 'Ventas_Febrero',
'Ventas_Marzo']].sum(axis=1)

print("\nDataFrame con total de ventas por empleado en el
trimestre:")
```

```
print(df)

# 2. Aplicar una función para asignar etiquetas 'Alto',
'Medio' o 'Bajo' basado en los totales de ventas
def etiqueta_ventas(total):
 if total >= 16000:
 return 'Alto'
 elif total >= 14000:
 return 'Medio'
 else:
 return 'Bajo'

df['Etiqueta_Ventas'] =
df['Total_Trimestral'].apply(etiqueta_ventas)

print("\nDataFrame con etiquetas de ventas por empleado:")
print(df[['Empleado', 'Total_Trimestral', 'Etiqueta_Ventas']])
```

En este ejemplo, calculamos el total de ventas por empleado en el trimestre y luego aplicamos una función para asignar etiquetas según el nivel de ventas totales de cada empleado. Esto muestra cómo utilizar Pandas en Python para realizar operaciones matemáticas y transformaciones en un DataFrame relacionado con el desempeño de los empleados en ventas mensuales.

Resultado:

DataFrame completo:

	Empleado	Ventas_Enero	Ventas_Febrero	Ventas_Marzo
0	Juan	5000	5200	4800
1	María	6000	6200	5800
2	Pedro	5500	5800	5400
3	Laura	4800	5000	4700

DataFrame con total de ventas por empleado en el trimestre:

	Empleado	Ventas_Enero	Ventas_Febrero	Ventas_Marzo	Total_Trimestral
0	Juan	5000	5200	4800	15000
1	María	6000	6200	5800	18000
2	Pedro	5500	5800	5400	16700
3	Laura	4800	5000	4700	14500

DataFrame con etiquetas de ventas por empleado:

	Empleado	Total_Trimestral	Etiqueta_Ventas
0	Juan	15000	Medio
1	María	18000	Alto
2	Pedro	16700	Alto
3	Laura	14500	Medio

Valores Nulos.

Ejercicio 11. Manejo de Valores Nulos.

El manejo de valores nulos es crucial al trabajar con datos. Aquí hay un ejemplo en el que mostramos cómo identificar y manejar valores nulos en un DataFrame utilizando Pandas en Python:

Supongamos que tenemos un conjunto de datos que representa las ventas mensuales de una empresa, pero algunos valores están ausentes:

```python
import pandas as pd
import numpy as np

# Crear un DataFrame de ejemplo con valores nulos
data = {
 'Mes': ['Enero', 'Febrero', 'Marzo', 'Abril'],
 'Ventas': [5000, np.nan, 5500, None],
 'Gastos': [4000, 4200, None, 4500]
}

df = pd.DataFrame(data)

print("DataFrame con valores nulos:")
print(df)
```

Aquí, `np.nan` representa un valor nulo para las ventas de febrero, y `None` representa un valor nulo para las ventas de abril y los gastos de marzo.

Para manejar estos valores nulos, podemos realizar varias operaciones:

Identificar valores nulos en el DataFrame.
Eliminar filas con al menos un valor nulo.
Rellenar los valores nulos con un valor específico, como el promedio de la columna.

Solución:

Veamos cómo hacerlo:

```
# 1. Identificar valores nulos en el DataFrame
valores_nulos = df.isnull()

print("\nValores nulos en el DataFrame:")
print(valores_nulos)

# 2. Eliminar filas con al menos un valor nulo
df_sin_nulos = df.dropna()

print("\nDataFrame sin filas con valores nulos:")
print(df_sin_nulos)

# 3. Rellenar los valores nulos con el promedio de la columna
(en este caso, para 'Ventas')
promedio_ventas = df['Ventas'].mean()
df['Ventas'].fillna(promedio_ventas, inplace=True)

print("\nDataFrame con valores nulos rellenados en 'Ventas'
con el promedio:")
print(df)
```

Estas operaciones muestran diferentes formas de manejar valores nulos en un DataFrame: identificarlos, eliminar filas que los contienen y rellenarlos con valores específicos, como el promedio de la columna en el caso de valores numéricos.

Resultado:

DataFrame con valores nulos:
```
    Mes  Ventas  Gastos
0   Enero  5000.0  4000.0
1 Febrero    NaN   4200.0
```

```
2   Marzo  5500.0    NaN
3   Abril    NaN   4500.0
```

Valores nulos en el DataFrame:

```
    Mes  Ventas  Gastos
0  False  False   False
1  False   True   False
2  False  False    True
3  False   True   False
```

DataFrame sin filas con valores nulos:

```
    Mes  Ventas  Gastos
0  Enero  5000.0  4000.0
```

DataFrame con valores nulos rellenados en 'Ventas' con el promedio:

```
     Mes  Ventas  Gastos
0   Enero  5000.0  4000.0
1  Febrero  5250.0  4200.0
2   Marzo  5500.0    NaN
3   Abril  5250.0  4500.0
```

Ejercicio 12. Valores Nulos en un Conjunto de Datos.

Aquí tienes otro ejemplo de manejo de valores nulos en un conjunto de datos que representa el rendimiento de estudiantes en diferentes asignaturas:

```
import pandas as pd
import numpy as np

# Crear un DataFrame de ejemplo con valores nulos
data = {
 'Estudiante': ['Ana', 'Juan', 'María', 'Pedro', 'Laura'],
 'Matematicas': [85, 90, np.nan, 80, 95],
 'Ciencias': [70, np.nan, 65, 72, 90],
 'Historia': [65, 75, 80, np.nan, 85]
}

df = pd.DataFrame(data)

print("DataFrame con valores nulos:")
print(df)
```

En este caso, algunos estudiantes tienen calificaciones faltantes en ciertas asignaturas. Para manejar esto, podemos realizar las siguientes acciones:

Contar la cantidad de valores nulos por columna.
Eliminar filas que contienen al menos un valor nulo.
Rellenar los valores nulos con el promedio de cada columna.

Solución:

Veamos cómo se hace esto:

```
# 1. Contar la cantidad de valores nulos por columna
valores_nulos_por_columna = df.isnull().sum()

print("\nCantidad de valores nulos por columna:")
print(valores_nulos_por_columna)

# 2. Eliminar filas con al menos un valor nulo
df_sin_nulos = df.dropna()

print("\nDataFrame sin filas con valores nulos:")
print(df_sin_nulos)

# 3. Rellenar los valores nulos con el promedio de cada
columna
promedios_por_columna = df.mean()
df = df.fillna(promedios_por_columna)

print("\nDataFrame con valores nulos rellenados con el
promedio de cada columna:")
print(df)
```

Estas operaciones muestran diferentes estrategias para manejar valores nulos en un DataFrame: contarlos, eliminar filas que los contienen y rellenarlos con valores específicos, como el promedio de cada columna. Esto puede ser útil para el análisis de datos donde la integridad de la información es importante.

Resultados:

DataFrame con valores nulos:

	Estudiante	Matematicas	Ciencias	Historia
0	Ana	85.0	70.0	65.0
1	Juan	90.0	NaN	75.0
2	María	NaN	65.0	80.0
3	Pedro	80.0	72.0	NaN
4	Laura	95.0	90.0	85.0

Cantidad de valores nulos por columna:
Estudiante   0
Matematicas   1
Ciencias   1
Historia   1
dtype: int64

DataFrame sin filas con valores nulos:
  Estudiante Matematicas Ciencias Historia
0   Ana   85.0   70.0   65.0
4   Laura   95.0   90.0   85.0

Ejercicio 13. Desempeño de Empleados con Valores Nulos.

Consideremos un conjunto de datos que representa el desempeño de empleados en una empresa, pero con algunos valores nulos en los registros:

```python
import pandas as pd
import numpy as np

# Crear un DataFrame de ejemplo con valores nulos
data = {
  'Empleado': ['Juan', 'María', 'Pedro', 'Laura', 'Ana'],
  'Ventas_Enero': [5000, np.nan, 5500, 4800, 5200],
  'Ventas_Febrero': [5200, 6200, 5800, None, 5400],
  'Ventas_Marzo': [4800, 5800, None, 4700, 5100]
}

df = pd.DataFrame(data)

print("DataFrame con valores nulos:")
print(df)
```

Aquí, algunos empleados tienen valores nulos en ciertos meses.

Para manejar estos valores nulos, vamos a realizar las siguientes acciones:

1. Calcular el promedio de ventas por empleado.
2. Rellenar los valores nulos con el promedio de ventas de cada empleado.

Veamos cómo hacerlo:

```python
import pandas as pd
import numpy as np

# Crear un DataFrame de ejemplo con valores nulos
```

```python
data = {
    'Empleado': ['Juan', 'María', 'Pedro', 'Laura', 'Ana'],
    'Ventas_Enero': [5000, np.nan, 5500, 4800, 5200],
    'Ventas_Febrero': [5200, 6200, 5800, None, 5400],
    'Ventas_Marzo': [4800, 5800, None, 4700, 5100]
}

df = pd.DataFrame(data)

print("DataFrame con valores nulos:")
print(df)

# Calcular el promedio de ventas por empleado
df['Promedio_Ventas'] = df[['Ventas_Enero', 'Ventas_Febrero',
'Ventas_Marzo']].mean(axis=1)

print("\nDataFrame con promedio de ventas por empleado:")
print(df)
```

En este ejemplo, calculamos el promedio de ventas por empleado, incluyendo los meses en los que haya valores nulos, y luego rellenamos esos valores nulos con el promedio respectivo por empleado. Esto demuestra cómo podemos utilizar Pandas para tratar valores nulos en un conjunto de datos relacionado con el desempeño de los empleados en ventas mensuales.

Resultados:

DataFrame con valores nulos:

	Empleado	Ventas_Enero	Ventas_Febrero	Ventas_Marzo
0	Juan	5000.0	5200.0	4800.0
1	María	NaN	6200.0	5800.0
2	Pedro	5500.0	5800.0	NaN
3	Laura	4800.0	NaN	4700.0
4	Ana	5200.0	5400.0	5100.0

DataFrame con promedio de ventas por empleado:

	Empleado	Ventas_Enero	Ventas_Febrero	Ventas_Marzo	Promedio_Ventas
0	Juan	5000.0	5200.0	4800.0	5000.000000
1	María	NaN	6200.0	5800.0	6000.000000
2	Pedro	5500.0	5800.0	NaN	5650.000000
3	Laura	4800.0	NaN	4700.0	4750.000000
4	Ana	5200.0	5400.0	5100.0	5233.333333

Ejercicio 14. Valor Nulos en Puntuación de Estudiantes.

Aquí tienes otro ejemplo donde manejamos valores nulos en un conjunto de datos que contiene información sobre la puntuación de estudiantes en exámenes de diferentes materias:

```python
import pandas as pd
import numpy as np

# Crear un DataFrame de ejemplo con valores nulos
data = {
  'Estudiante': ['Ana', 'Juan', 'María', 'Pedro', 'Laura'],
  'Matematicas': [85, np.nan, 75, 80, 95],
  'Ciencias': [70, 88, np.nan, 72, 90],
  'Historia': [65, 75, 80, np.nan, 85]
}

df = pd.DataFrame(data)

print("DataFrame con valores nulos:")
print(df)

# Calcular el promedio de puntuaciones por estudiante
df['Promedio'] = df.mean(axis=1, skipna=True)

print("\nDataFrame con promedio de puntuaciones por
estudiante:")
print(df)

# Rellenar valores nulos con el promedio de cada columna
df.fillna(df.mean(), inplace=True)

print("\nDataFrame con valores nulos rellenados con el
promedio de cada columna:")
print(df)
```

En este ejemplo, calculamos el promedio de puntuaciones por estudiante utilizando el método `mean(axis=1)` y luego llenamos los valores nulos con el promedio de cada columna usando `fillna()`. Esto nos permite mantener la integridad de los datos al reemplazar los valores faltantes con medidas como el promedio de la columna respectiva.

Resultado:

DataFrame con valores nulos:

	Estudiante	Matematicas	Ciencias	Historia
0	Ana	85.0	70.0	65.0
1	Juan	NaN	88.0	75.0
2	María	75.0	NaN	80.0
3	Pedro	80.0	72.0	NaN
4	Laura	95.0	90.0	85.0

Ejercicio 15. Valores nulos en Calificaciones de Estudiantes.

Aquí tienes otro ejemplo donde manejamos valores nulos en un conjunto de datos que representa las calificaciones de estudiantes en diferentes asignaturas:

```python
import pandas as pd
import numpy as np

# Crear un DataFrame de ejemplo con valores nulos
data = {
 'Estudiante': ['Ana', 'Juan', 'María', 'Pedro', 'Laura'],
 'Matematicas': [85, np.nan, 75, 80, np.nan],
 'Ciencias': [70, 88, np.nan, 72, 90],
 'Historia': [65, np.nan, 80, np.nan, 85]
}

df = pd.DataFrame(data)

print("DataFrame con valores nulos:")
print(df)

# Calcular el promedio de puntuaciones por estudiante
df['Promedio'] = df.mean(axis=1, skipna=True)

print("\nDataFrame con promedio de puntuaciones por
estudiante:")
print(df)

# Rellenar valores nulos con el promedio de cada columna
df.fillna(df.mean(), inplace=True)

print("\nDataFrame con valores nulos rellenados con el
promedio de cada columna:")
print(df)
```

En este ejemplo, nuevamente calculamos el promedio de las calificaciones por estudiante y luego llenamos los valores nulos con el promedio de cada columna usando `fillna()`. Esto nos ayuda a mantener la consistencia de los datos y a utilizar medidas estadísticas para imputar valores faltantes en el conjunto de datos.

Ejercicio 16. Manipulación de texto en columnas

Supongamos que tienes un conjunto de datos sobre libros con una columna "Título" que contiene el nombre del libro junto con el año de publicación entre paréntesis al final. Necesitas limpiar esta columna para separar el título del año en dos columnas diferentes.

Datos de ejemplo:

```python
import pandas as pd

data = {
 'Título': [
 'Cien años de soledad (1967)',
 'El señor de los anillos (1954)',
 '1984 (1949)',
 'El gran Gatsby (1925)'
 ]
}

df = pd.DataFrame(data)
```

Ejercicio:

Crear dos nuevas columnas: "Título del Libro" y "Año de Publicación".
Separar el título del libro: Extraer el título del libro en la columna correspondiente.
Extraer el año de publicación: Extraer el año de publicación en la columna correspondiente.
Limpiar los datos: Eliminar los paréntesis y cualquier otro carácter no deseado en las nuevas columnas.

```python
# Solución del ejercicio
df['Título del Libro'] =
df['Título'].str.extract(r'^(.*?)\s*\(')
```

```
df['Año de Publicación'] =
df['Título'].str.extract(r'\((\d{4})\)$')

# Limpieza de datos
df['Título del Libro'] = df['Título del Libro'].str.strip()
df['Año de Publicación'] = df['Año de
Publicación'].astype(str)

# Resultado final
print(df)
```

Este ejercicio utiliza expresiones regulares (extract) para separar el título del año de publicación en dos columnas diferentes. Posteriormente, se realiza una limpieza básica para asegurarse de que los datos estén formateados correctamente en las nuevas columnas.

¡Puedes probar este ejercicio en tu entorno de Pandas para familiarizarte con la manipulación de texto en las columnas!

Resultado:

```
                          Título        Título del Libro Año de Publicación
0       Cien años de soledad (1967)     Cien años de soledad              1967
1  El señor de los anillos (1954)  El señor de los anillos              1954
2                 1984 (1949)                        1984              1949
3         El gran Gatsby (1925)            El gran Gatsby              1925
```

Concatenación.

Ejercicio 17. Reemplazo y Concatenación de Texto en Columnas

Supongamos que tienes un conjunto de datos sobre películas con una columna "Título" que contiene el nombre de la película y otra columna "País" que indica el país de producción. Necesitas ajustar la columna del título para reemplazar la palabra "The" por "La" en los títulos de las películas y luego crear una nueva columna que concatene el título con el país.

Datos de ejemplo:

```
import pandas as pd

data = {
 'Título': [
 'The Godfather',
 'The Shawshank Redemption',
 'The Dark Knight',
 'The Lord of the Rings'
 ],
 'País': [
 'USA',
 'USA',
 'USA',
 'New Zealand'
 ]
}

df = pd.DataFrame(data)
```

Ejercicio:

Reemplazar "The" por "La": Modificar la columna "Título" para reemplazar la palabra "The" por "La" en los títulos de las películas.
Crear una nueva columna: Crear una nueva columna llamada "Título y País" que concatene el título ajustado con el país de producción.

```
# Solución del ejercicio
df['Título'] = df['Título'].str.replace('The', 'La')

# Creación de la columna 'Título y País'
df['Título y País'] = df['Título'] + ' - ' + df['País']

# Resultado final
print(df)
```

Este ejercicio utiliza el método `replace` para reemplazar la palabra "The" por "La" en la columna "Título". Luego, se crea una nueva columna llamada "Título y País" que concatena el título ajustado con la columna "País". Esto ayuda a combinar la información del título y el país en una nueva columna.

Resultado:

	Título	País	Título y País
0	La Godfather	USA	La Godfather - USA
1	La Shawshank Redemption	USA	La Shawshank Redemption - USA
2	La Dark Knight	USA	La Dark Knight - USA
3	La Lord of the Rings	New Zealand	La Lord of the Rings - New Zealand

Ejercicio 18 .Extracción y Concatenación de Datos

Supongamos que tienes un DataFrame que contiene información sobre películas. Tienes una columna "Nombre_Completo" que incluye el nombre completo del director de la película. Necesitas dividir esta columna en dos columnas separadas, "Nombre" y "Apellido". Además, deseas crear una nueva columna que combine el nombre del director con el país de producción de la película.

Datos de ejemplo:

```
import pandas as pd

data = {
 'Nombre_Completo': [
 'Christopher Nolan',
 'Quentin Tarantino',
 'Martin Scorsese',
 'Steven Spielberg'
 ],
 'País': [
 'USA',
 'USA',
 'USA',
 'USA'
 ]
}

df = pd.DataFrame(data)
```

Ejercicio:

> Dividir en Nombre y Apellido: Crear dos nuevas columnas "Nombre" y "Apellido" dividiendo la columna "Nombre_Completo".
> Crear una nueva columna: Crear una columna llamada "Director_País" que concatene el nombre del director con el país de producción.

Resultado:

```
# Solución del ejercicio
df[['Nombre', 'Apellido']] = df['Nombre_Completo'].str.split('
', 1, expand=True)

# Creación de la columna 'Director_País'
df['Director_País'] = df['Nombre_Completo'] + ' - ' +
df['País']

# Resultado final
print(df)
```

Este ejercicio utiliza el método `split` para dividir la columna "Nombre_Completo"
en dos columnas separadas, "Nombre" y "Apellido". Luego, se crea una nueva
columna llamada "Director_País" que combina el nombre del director con el país de
producción de la película. Esto te permite fusionar datos del director y el país en una
nueva columna.

Resultado:

Nombre_Completo	País	Nombre	Apellido	Director_País
Christopher Nolan	USA	Christopher	Nolan	Christopher Nolan - USA
Quentin Tarantino	USA	Quentin	Tarantino	Quentin Tarantino - USA
Martin Scorsese	USA	Martin	Scorsese	Martin Scorsese - USA
Steven Spielberg	USA	Steven	Spielberg	Steven Spielberg - USA

Ejercicio 19: División de Columnas

Supongamos que tienes un DataFrame con una columna llamada "Email" que contiene direcciones de correo electrónico en el siguiente formato: "nombre.apellido@dominio.com". Queremos dividir esta columna en tres nuevas columnas: "Nombre", "Apellido" y "Dominio".

```python
import pandas as pd

data = {
 'Email': [
 'juan.perez@example.com',
 'ana.gomez@example.com',
 'carlos.rodriguez@example.com'
 ]
}

df = pd.DataFrame(data)

# Solución del ejercicio
df[['Nombre', 'Apellido', 'Dominio']] =
df['Email'].str.split('@|\.', expand=True)[[0, 1, 2]]

print(df)
```

Este código divide la columna "Email" en tres nuevas columnas: "Nombre", "Apellido" y "Dominio", utilizando la función split de Pandas y expresiones regulares para dividir la cadena en el carácter "@" y el punto ".".

Resultado:

```
                          Email   Nombre    Apellido   Dominio
0        juan.perez@example.com     juan       perez   example
1         ana.gomez@example.com      ana       gomez   example
2  carlos.rodriguez@example.com   carlos   rodriguez   example
```

Ejercicio 20. División de Columnas

Supongamos que tienes un DataFrame con una columna llamada "Dirección" que contiene información de direcciones en el siguiente formato: "Calle, Ciudad, Código Postal". Queremos dividir esta columna en tres nuevas columnas: "Calle", "Ciudad" y "Código Postal".

```python
import pandas as pd

data = {
 'Direccion': [
 'Av. Primera, Ciudad A, 12345',
 'Calle Principal, Ciudad B, 54321',
 'Av. Central, Ciudad C, 67890'
 ]
}

df = pd.DataFrame(data)

# Solución del ejercicio
df[['Calle', 'Ciudad', 'Codigo Postal']] =
df['Direccion'].str.split(', ', expand=True)

print(df)
```

Este código divide la columna "Direccion" en tres nuevas columnas: "Calle", "Ciudad" y "Codigo Postal", utilizando la función `split` de Pandas con la coma y el espacio como separadores.

Resultado:

	Direccion	Calle	Ciudad	Codigo Postal
0	Av. Primera, Ciudad A, 12345	Av. Primera	Ciudad A	12345
1	Calle Principal, Ciudad B, 54321	Calle Principal	Ciudad B	54321
2	Av. Central, Ciudad C, 67890	Av. Central	Ciudad C	67890

Agrupación de Datos

Ejercicio 21. Agrupación de datos de Ventas Mensuales.

Aquí tienes un ejercicio que demuestra cómo agrupar datos utilizando Pandas en Python. Supongamos que tenemos un conjunto de datos que representa las ventas mensuales de diferentes productos por región:

```python
import pandas as pd

# Crear un DataFrame de ejemplo
data = {
 'Region': ['Norte', 'Sur', 'Este', 'Oeste', 'Norte', 'Sur',
'Este', 'Oeste'],
 'Producto': ['A', 'B', 'A', 'B', 'A', 'B', 'A', 'B'],
 'Ventas': [10000, 15000, 12000, 11000, 9000, 13500, 11500,
10500]
}

df = pd.DataFrame(data)

print("DataFrame original:")
print(df)
```

Ahora, supongamos que queremos obtener el total de ventas por región y producto. Podemos hacerlo utilizando la función groupby de Pandas:

```python
# Agrupar datos por región y producto, sumar las ventas
ventas_por_region_producto = df.groupby(['Region',
'Producto'])['Ventas'].sum()

print("\nTotal de ventas por región y producto:")
print(ventas_por_region_producto)
```

Este código agrupa los datos por las columnas 'Region' y 'Producto', luego suma las ventas para cada combinación de región y producto, mostrando el total de ventas por cada una de estas combinaciones. Esta es una forma útil de resumir datos para comprender mejor las ventas de productos en diferentes regiones.

Resultado:

```
DataFrame original:
   Region Producto  Ventas
0  Norte        A   10000
1    Sur        B   15000
2   Este        A   12000
3  Oeste        B   11000
4  Norte        A    9000
5    Sur        B   13500
6   Este        A   11500
7  Oeste        B   10500

Total de ventas por región y producto:
Region  Producto
Este    A           23500
Norte   A           19000
Oeste   B           21500
Sur     B           28500
Name: Ventas, dtype: int64
```

Ejercicio 22. Rendimiento de Empleados

Vamos a trabajar con un conjunto de datos que contiene información sobre el rendimiento de diferentes empleados en diferentes departamentos:

```python
import pandas as pd

# Crear un DataFrame de ejemplo
data = {
 'Empleado': ['Ana', 'Juan', 'María', 'Pedro', 'Laura',
'Carlos'],
 'Departamento': ['Ventas', 'Tecnología', 'Ventas',
'Tecnología', 'RRHH', 'RRHH'],
 'Ventas': [5000, 6000, 5500, 4800, 5200, 4800],
 'Horas_Trabajadas': [160, 150, 155, 165, 170, 155]
}

df = pd.DataFrame(data)

print("DataFrame original:")
print(df)
```

Supongamos que queremos obtener el promedio de ventas y horas trabajadas por departamento. Podemos hacerlo utilizando la función groupby de Pandas:

```python
# Agrupar datos por departamento y calcular el promedio de
ventas y horas trabajadas
promedio_por_departamento = df.groupby('Departamento').agg({
 'Ventas': 'mean',
 'Horas_Trabajadas': 'mean'
})

print("\nPromedio de ventas y horas trabajadas por
departamento:")
print(promedio_por_departamento)
```

Este código agrupa los datos por el campo 'Departamento' y calcula el promedio de ventas y horas trabajadas para cada departamento, proporcionando una visión resumida del rendimiento promedio en ventas y tiempo trabajado por departamento.

Resultado:

```
DataFrame original:
   Empleado Departamento  Ventas  Horas_Trabajadas
0       Ana       Ventas    5000               160
1      Juan   Tecnología    6000               150
2     María       Ventas    5500               155
3     Pedro   Tecnología    4800               165
4     Laura         RRHH    5200               170
5    Carlos         RRHH    4800               155

Promedio de ventas y horas trabajadas por departamento:
              Ventas  Horas_Trabajadas
Departamento
RRHH          5000.0             162.5
Tecnología    5400.0             157.5
Ventas        5250.0             157.5
```

Ejercicio 23. Rendimiento de estudiantes.

Consideremos un conjunto de datos que contiene información sobre el rendimiento de diferentes estudiantes en diferentes asignaturas:

```python
import pandas as pd

# Crear un DataFrame de ejemplo
data = {
 'Estudiante': ['Ana', 'Juan', 'María', 'Pedro', 'Laura',
'Carlos'],
 'Asignatura': ['Matemáticas', 'Historia', 'Matemáticas',
'Historia', 'Matemáticas', 'Historia'],
 'Calificacion': [85, 70, 90, 75, 80, 65],
 'Clase': ['A', 'B', 'A', 'B', 'A', 'B']
}

df = pd.DataFrame(data)

print("DataFrame original:")
print(df)
```

Ahora, supongamos que queremos obtener el promedio de calificaciones por asignatura y clase. Podemos hacerlo utilizando la función groupby de Pandas:

```python
# Agrupar datos por asignatura y clase, calcular el promedio
de calificaciones
promedio_por_asignatura_clase = df.groupby(['Asignatura',
'Clase']).agg({
 'Calificacion': 'mean'
})

print("\nPromedio de calificaciones por asignatura y clase:")
print(promedio_por_asignatura_clase)
```

Este código agrupa los datos por las columnas 'Asignatura' y 'Clase' y calcula el promedio de calificaciones para cada combinación de asignatura y clase, ofreciendo una visión resumida del rendimiento promedio en cada asignatura y clase.

Resultado:

```
DataFrame original:
   Estudiante   Asignatura   Calificacion Clase
0         Ana   Matemáticas           85     A
1        Juan      Historia           70     B
2       María   Matemáticas           90     A
3       Pedro      Historia           75     B
4       Laura   Matemáticas           80     A
5      Carlos      Historia           65     B

Promedio de calificaciones por asignatura y clase:
                     Calificacion
Asignatura   Clase
Historia     B               70.0
Matemáticas  A               85.0
```

Ejercicio 24. Desempeño de Empleados.

Vamos a trabajar con un conjunto de datos que contiene información sobre el desempeño de empleados en diferentes departamentos y meses:

```python
import pandas as pd

# Crear un DataFrame de ejemplo
data = {
 'Empleado': ['Ana', 'Juan', 'María', 'Pedro', 'Laura',
'Carlos', 'Ana', 'Juan', 'María', 'Pedro', 'Laura', 'Carlos'],
 'Departamento': ['Ventas', 'Tecnología', 'Ventas',
'Tecnología', 'RRHH', 'RRHH', 'Ventas', 'Tecnología',
'Ventas', 'Tecnología', 'RRHH', 'RRHH'],
 'Mes': ['Ene', 'Ene', 'Ene', 'Ene', 'Ene', 'Ene', 'Feb',
'Feb', 'Feb', 'Feb', 'Feb', 'Feb'],
 'Ventas': [5000, 6000, 5500, 4800, 5200, 4800, 5200, 5900,
5600, 4900, 5300, 4900],
 'Horas_Trabajadas': [160, 150, 155, 165, 170, 155, 165, 155,
160, 170, 175, 160]
}

df = pd.DataFrame(data)

print("DataFrame original:")
print(df)
```

Supongamos que queremos obtener el promedio de ventas y horas trabajadas por departamento y mes. Podemos hacerlo utilizando la función groupby de Pandas:

```python
# Agrupar datos por departamento y mes, calcular el promedio
de ventas y horas trabajadas
promedio_por_departamento_mes = df.groupby(['Departamento',
'Mes']).agg({
 'Ventas': 'mean',
 'Horas_Trabajadas': 'mean'
```

```
})

print("\nPromedio de ventas y horas trabajadas por
departamento y mes:")
print(promedio_por_departamento_mes)
```

Este código agrupa los datos por 'Departamento' y 'Mes', y luego calcula el promedio de ventas y horas trabajadas para cada combinación de departamento y mes, ofreciendo una visión resumida del rendimiento promedio en ventas y tiempo trabajado por departamento y mes.

Resultado:

```
DataFrame original:
    Empleado  Departamento  Mes  Ventas  Horas_Trabajadas
0        Ana        Ventas  Ene    5000               160
1       Juan    Tecnología  Ene    6000               150
2      María        Ventas  Ene    5500               155
3      Pedro    Tecnología  Ene    4800               165
4      Laura          RRHH  Ene    5200               170
5     Carlos          RRHH  Ene    4800               155
6        Ana        Ventas  Feb    5200               165
7       Juan    Tecnología  Feb    5900               155
8      María        Ventas  Feb    5600               160
9      Pedro    Tecnología  Feb    4900               170
10     Laura          RRHH  Feb    5300               175
11    Carlos          RRHH  Feb    4900               160

Promedio de ventas y horas trabajadas por departamento y mes:
                      Ventas  Horas_Trabajadas
Departamento Mes
RRHH         Ene     5000.0             162.5
             Feb     5100.0             167.5
Tecnología   Ene     5400.0             157.5
             Feb     5400.0             162.5
Ventas       Ene     5250.0             157.5
             Feb     5400.0             162.5
```

Aplicación de Funciones de Agregación

Ejercicio 25. Ventas por Producto y por Mes

Vamos a trabajar con un conjunto de datos que contiene información sobre ventas por producto y mes:

```python
import pandas as pd

# Crear un DataFrame de ejemplo
data = {
  'Producto': ['A', 'B', 'A', 'B', 'A', 'B', 'A', 'B'],
  'Mes': ['Ene', 'Ene', 'Feb', 'Feb', 'Mar', 'Mar', 'Mar',
'Mar'],
  'Ventas': [5000, 6000, 5500, 4800, 5200, 4800, 5100, 4900]
}

df = pd.DataFrame(data)

print("DataFrame original:")
print(df)
```

Supongamos que queremos obtener el total de ventas y la cantidad de transacciones por producto. Podemos hacerlo utilizando la función groupby de Pandas junto con funciones de agregación como sum y count:

```python
# Agrupar datos por producto, calcular la suma de ventas y
contar la cantidad de transacciones
resumen_ventas = df.groupby('Producto').agg({
  'Ventas': 'sum',
  'Mes': 'count'
})
```

```
# Renombrar las columnas para mayor claridad
resumen_ventas.rename(columns={'Ventas': 'Total_Ventas',
'Mes': 'Cantidad_Transacciones'}, inplace=True)

print("\nResumen de ventas por producto:")
print(resumen_ventas)
```

Este código agrupa los datos por 'Producto', calcula la suma total de ventas y cuenta la cantidad de transacciones para cada producto. Proporciona un resumen que muestra el total de ventas y la cantidad de transacciones por producto.

Resultado:

```
DataFrame original:
  Producto  Mes  Ventas
0        A  Ene    5000
1        B  Ene    6000
2        A  Feb    5500
3        B  Feb    4800
4        A  Mar    5200
5        B  Mar    4800
6        A  Mar    5100
7        B  Mar    4900

Resumen de ventas por producto:
          Total_Ventas  Cantidad_Transacciones
Producto
A                20800                       4
B                20500                       4
```

Ejercicio 26. Agregación, Rendimiento de Empleados.

Vamos a trabajar con un conjunto de datos que contiene información sobre el rendimiento de empleados en diferentes departamentos:

```python
import pandas as pd

# Crear un DataFrame de ejemplo
data = {
 'Empleado': ['Ana', 'Juan', 'María', 'Pedro', 'Laura',
'Carlos'],
 'Departamento': ['Ventas', 'Tecnología', 'Ventas',
'Tecnología', 'RRHH', 'RRHH'],
 'Ventas': [5000, 6000, 5500, 4800, 5200, 4800],
 'Horas_Trabajadas': [160, 150, 155, 165, 170, 155]
}

df = pd.DataFrame(data)

print("DataFrame original:")
print(df)
```

Supongamos que queremos obtener la suma total de ventas y el promedio de horas trabajadas por departamento. Podemos hacerlo utilizando la función `groupby` de Pandas junto con las funciones de agregación `sum` y `mean`:

```python
# Agrupar datos por departamento, calcular la suma de ventas y
el promedio de horas trabajadas
resumen_departamento = df.groupby('Departamento').agg({
 'Ventas': 'sum',
 'Horas_Trabajadas': 'mean'
})

# Renombrar las columnas para mayor claridad
```

```
resumen_departamento.rename(columns={'Ventas': 'Total_Ventas',
'Horas_Trabajadas': 'Promedio_Horas_Trabajadas'},
inplace=True)

print("\nResumen por departamento:")
print(resumen_departamento)
```

Este código agrupa los datos por 'Departamento', calcula la suma total de ventas y el promedio de horas trabajadas para cada departamento. Proporciona un resumen que muestra la suma total de ventas y el promedio de horas trabajadas por departamento.

Resultado:

```
DataFrame original:
  Empleado Departamento  Ventas  Horas_Trabajadas
0      Ana       Ventas    5000               160
1     Juan   Tecnología    6000               150
2    María       Ventas    5500               155
3    Pedro   Tecnología    4800               165
4    Laura         RRHH    5200               170
5   Carlos         RRHH    4800               155

Resumen por departamento:
              Total_Ventas  Promedio_Horas_Trabajadas
Departamento
RRHH                 10000                      162.5
Tecnología           10800                      157.5
Ventas               10500                      157.5
```

Ejercicio 27. Conjunto de datos

Trabajemos con un conjunto de datos que contenga información sobre ventas por categoría de productos y su respectiva cantidad:

```python
import pandas as pd

# Crear un DataFrame de ejemplo
data = {
 'Categoria': ['Electrónicos', 'Ropa', 'Electrónicos', 'Ropa',
'Electrónicos', 'Ropa'],
 'Cantidad': [50, 30, 45, 20, 55, 25],
 'Ventas': [5000, 3000, 4500, 2000, 5500, 2500]
}

df = pd.DataFrame(data)

print("DataFrame original:")
print(df)
```

Ahora, si queremos obtener la suma total de ventas y la cantidad total por categoría de productos, podemos usar la función `groupby` junto con las funciones de agregación `sum` y `sum`:

```python
# Agrupar datos por categoría, calcular la suma de ventas y la
suma de la cantidad
resumen_categoria = df.groupby('Categoria').agg({
 'Ventas': 'sum',
 'Cantidad': 'sum'
})

# Renombrar las columnas para mayor claridad
resumen_categoria.rename(columns={'Ventas': 'Total_Ventas',
'Cantidad': 'Total_Cantidad'}, inplace=True)
```

```
print("\nResumen por categoría de productos:")
print(resumen_categoria)
```

Resultado:

```
DataFrame original:
      Categoria  Cantidad  Ventas
0  Electrónicos        50    5000
1          Ropa        30    3000
2  Electrónicos        45    4500
3          Ropa        20    2000
4  Electrónicos        55    5500
5          Ropa        25    2500

Resumen por categoría de productos:
              Total_Ventas  Total_Cantidad
Categoria
Electrónicos         15000             150
Ropa                  7500              75
```

Este código agrupa los datos por 'Categoria', calcula la suma total de ventas y la suma total de la cantidad para cada categoría de productos. Proporciona un resumen mostrando la suma total de ventas y la cantidad total por cada categoría de productos.

Ejercicio 28:

Consideremos un conjunto de datos que contenga información sobre ventas mensuales de diferentes productos en diferentes regiones:

```python
import pandas as pd

# Crear un DataFrame de ejemplo
data = {
 'Region': ['Norte', 'Sur', 'Este', 'Oeste', 'Norte', 'Sur',
'Este', 'Oeste'],
 'Producto': ['A', 'B', 'A', 'B', 'A', 'B', 'A', 'B'],
 'Ventas': [5000, 6000, 5500, 4800, 5200, 4800, 5100, 4900]
}

df = pd.DataFrame(data)

print("DataFrame original:")
print(df)
```

Supongamos que queremos obtener la suma total de ventas por región y producto Podemos hacerlo utilizando groupby con la función de agregación sum:

```python
# Agrupar datos por región y producto, calcular la suma de
ventas
resumen_ventas = df.groupby(['Region',
'Producto']).agg({'Ventas': 'sum'})

# Reiniciar el índice para obtener un DataFrame más limpio
resumen_ventas = resumen_ventas.reset_index()

print("\nResumen de ventas por región y producto:")
print(resumen_ventas)
```

Este código agrupa los datos por 'Region' y 'Producto', calcula la suma total de ventas para cada combinación de región y producto, y muestra un resumen con la suma total de ventas por región y producto.

74

Resultado:

```
DataFrame original:
   Region Producto  Ventas
0  Norte        A    5000
1    Sur        B    6000
2   Este        A    5500
3  Oeste        B    4800
4  Norte        A    5200
5    Sur        B    4800
6   Este        A    5100
7  Oeste        B    4900

Resumen de ventas por región y producto:
   Region Producto  Ventas
0   Este        A   10600
1  Norte        A   10200
2  Oeste        B    9700
3    Sur        B   10800
```

Ejercicio 29. Representación de rendimiento.

Trabajemos con un conjunto de datos que represente el rendimiento de diferentes empleados en diferentes departamentos durante varios meses:

```python
import pandas as pd

# Crear un DataFrame de ejemplo
data = {
 'Empleado': ['Ana', 'Juan', 'María', 'Pedro', 'Laura',
'Carlos', 'Ana', 'Juan', 'María', 'Pedro', 'Laura', 'Carlos'],
 'Departamento': ['Ventas', 'Tecnología', 'Ventas',
'Tecnología', 'RRHH', 'RRHH', 'Ventas', 'Tecnología',
'Ventas', 'Tecnología', 'RRHH', 'RRHH'],
 'Mes': ['Ene', 'Ene', 'Ene', 'Ene', 'Ene', 'Ene', 'Feb',
'Feb', 'Feb', 'Feb', 'Feb', 'Feb'],
 'Ventas': [5000, 6000, 5500, 4800, 5200, 4800, 5200, 5900,
5600, 4900, 5300, 4900]
}

df = pd.DataFrame(data)

print("DataFrame original:")
print(df)
```

Si queremos calcular la suma total de ventas por empleado y departamento, podemos usar groupby y la función de agregación sum:

```python
# Agrupar datos por empleado y departamento, calcular la suma
de ventas
resumen_ventas = df.groupby(['Empleado',
'Departamento']).agg({'Ventas': 'sum'})

# Reiniciar el índice para obtener un DataFrame más limpio
resumen_ventas = resumen_ventas.reset_index()

print("\nResumen de ventas por empleado y departamento:")
```

```
print(resumen_ventas)
```

Esto agrupa los datos por 'Empleado' y 'Departamento', calcula la suma total de ventas para cada combinación de empleado y departamento, y muestra un resumen con la suma total de ventas por empleado y departamento.

Resultado:

```
DataFrame original:
    Empleado Departamento  Mes   Ventas
0       Ana       Ventas   Ene    5000
1      Juan   Tecnología   Ene    6000
2     María       Ventas   Ene    5500
3     Pedro   Tecnología   Ene    4800
4     Laura         RRHH   Ene    5200
5    Carlos         RRHH   Ene    4800
6       Ana       Ventas   Feb    5200
7      Juan   Tecnología   Feb    5900
8     María       Ventas   Feb    5600
9     Pedro   Tecnología   Feb    4900
10    Laura         RRHH   Feb    5300
11   Carlos         RRHH   Feb    4900

Resumen de ventas por empleado y departamento:
    Empleado Departamento  Ventas
0       Ana       Ventas   10200
1    Carlos         RRHH    9700
2      Juan   Tecnología   11900
3     Laura         RRHH   10500
4     María       Ventas   11100
5     Pedro   Tecnología    9700
```

Ejercicio 30. Concatenación Vertical

Vamos a crear dos DataFrames y luego los concatenaremos en uno solo.

```python
import pandas as pd

# Crear dos DataFrames de ejemplo
data1 = {
  'A': [1, 2, 3],
  'B': ['A', 'B', 'C']
}
data2 = {
  'A': [4, 5, 6],
  'B': ['D', 'E', 'F']
}

df1 = pd.DataFrame(data1)
df2 = pd.DataFrame(data2)

print("DataFrame 1:")
print(df1)

print("\nDataFrame 2:")
print(df2)
```

Ahora, concatenemos ambos DataFrames verticalmente:

```python
# Concatenar verticalmente (por filas)
result = pd.concat([df1, df2])

print("\nResultado de la concatenación:")
print(result)
```

Esto combinará los dos DataFrames uno debajo del otro, manteniendo las columnas. La concatenación vertical se realiza a lo largo del eje 0 (filas) por defecto.

Resultado:

```
DataFrame 1:
   A  B
0  1  A
1  2  B
2  3  C

DataFrame 2:
   A  B
0  4  D
1  5  E
2  6  F

Resultado de la concatenación:
   A  B
0  1  A
1  2  B
2  3  C
0  4  D
1  5  E
2  6  F
```

Ejercicio 31. Concatenación Horizontal

Creemos dos DataFrames adicionales y luego los concatenaremos horizontalmente.

```python
import pandas as pd

# Crear dos DataFrames de ejemplo
data3 = {
 'C': [7, 8, 9],
 'D': ['G', 'H', 'I']
}
data4 = {
 'C': [10, 11, 12],
 'D': ['J', 'K', 'L']
}

df3 = pd.DataFrame(data3)
df4 = pd.DataFrame(data4)

print("DataFrame 3:")
print(df3)

print("\nDataFrame 4:")
print(df4)
```

Ahora, concatenemos ambos DataFrames horizontalmente:

```python
# Concatenar horizontalmente (por columnas)
result_horizontal = pd.concat([df3, df4], axis=1)

print("\nResultado de la concatenación horizontal:")
print(result_horizontal)
```

Esto combinará los dos DataFrames uno al lado del otro, manteniendo las filas. La concatenación horizontal se realiza a lo largo del eje 1 (columnas) por defecto.

Resultado:

```
DataFrame 3:
   C  D
0  7  G
1  8  H
2  9  I

DataFrame 4:
    C  D
0  10  J
1  11  K
2  12  L

Resultado de la concatenación horizontal:
   C  D   C  D
0  7  G  10  J
1  8  H  11  K
2  9  I  12  L
```

Ejercicio 32. Concatenación de clave específica.

Creemos dos DataFrames y luego los concatenaremos utilizando una clave específica como referencia para la concatenación.

```
import pandas as pd

# Crear dos DataFrames de ejemplo
data5 = {
 'A': [1, 2, 3],
 'B': ['X', 'Y', 'Z']
}
data6 = {
 'C': ['M', 'N', 'O'],
 'D': [4, 5, 6]
}

df5 = pd.DataFrame(data5)
df6 = pd.DataFrame(data6)

print("DataFrame 5:")
print(df5)

print("\nDataFrame 6:")
print(df6)
```

Ahora, concatenemos ambos DataFrames utilizando una clave como referencia:

```
# Concatenar utilizando una clave como referencia
result_key = pd.concat([df5, df6], keys=['Grupo1', 'Grupo2'])

print("\nResultado de la concatenación con clave:")
print(result_key)
```

Esto concatenará los DataFrames asignándoles claves específicas (Grupo1 y Grupo2 en este caso) para identificar la procedencia de cada conjunto de datos después de la concatenación.

Resultado:

```
DataFrame 5:
   A  B
0  1  X
1  2  Y
2  3  Z

DataFrame 6:
   C  D
0  M  4
1  N  5
2  O  6

Resultado de la concatenación con clave:
            A    B    C    D
Grupo1 0  1.0    X  NaN  NaN
       1  2.0    Y  NaN  NaN
       2  3.0    Z  NaN  NaN
Grupo2 0  NaN  NaN    M  4.0
       1  NaN  NaN    N  5.0
       2  NaN  NaN    O  6.0
```

Ejercicio 33. Concatenación con Índices

Creemos dos DataFrames adicionales y luego concatenémoslos utilizando índices para la concatenación.

```python
import pandas as pd

# Crear dos DataFrames de ejemplo
data7 = {
 'A': [1, 2, 3],
 'B': ['P', 'Q', 'R']
}
data8 = {
 'A': [4, 5, 6],
 'B': ['S', 'T', 'U']
}

# Establecer índices para los DataFrames
df7 = pd.DataFrame(data7, index=[1, 2, 3])
df8 = pd.DataFrame(data8, index=[4, 5, 6])

print("DataFrame 7:")
print(df7)

print("\nDataFrame 8:")
print(df8)
```

Ahora, concatenemos ambos DataFrames utilizando sus índices:

```python
# Concatenar utilizando los índices
result_index = pd.concat([df7, df8])

print("\nResultado de la concatenación por índices:")
print(result_index)
```

Esto concatenará los DataFrames manteniendo los índices originales. Los datos se apilan uno encima del otro, pero conservan sus índices individuales.

Resultado:

```
DataFrame 7:
    A  B
1   1  P
2   2  Q
3   3  R

DataFrame 8:
    A  B
4   4  S
5   5  T
6   6  U

Resultado de la concatenación por índices:
    A  B
1   1  P
2   2  Q
3   3  R
4   4  S
5   5  T
6   6  U
```

Ejercicio 34. Método append

Aquí tienes otro ejemplo de concatenación de DataFrames, esta vez usando el método `append` para agregar un DataFrame al final de otro.

```
import pandas as pd

# Crear un DataFrame inicial
data9 = {
 'A': [1, 2, 3],
 'B': ['X', 'Y', 'Z']
}
df9 = pd.DataFrame(data9)

print("DataFrame 9:")
print(df9)

# Crear un DataFrame para añadir al final
data10 = {
 'A': [4, 5, 6],
 'B': ['P', 'Q', 'R']
}
df10 = pd.DataFrame(data10)

print("\nDataFrame 10:")
print(df10)

# Agregar el DataFrame 10 al final del DataFrame 9 usando
append
result_append = df9.append(df10)

print("\nResultado de la concatenación con append:")
print(result_append)
```

En este ejemplo, `append` agrega el DataFrame `df10` al final del DataFrame `df9`. Es una forma sencilla de agregar filas a un DataFrame existente.

Resultado:

```
DataFrame 9:
   A  B
0  1  X
1  2  Y
2  3  Z

DataFrame 10:
   A  B
0  4  P
1  5  Q
2  6  R
```

Ejercicios de Merge y Join

Ejercicio 35. Uso de Función merge.

vamos a trabajar con dos DataFrames que representan información sobre empleados y sus departamentos.

```python
import pandas as pd

# Crear un DataFrame de empleados
data_empleados = {
 'ID': [1, 2, 3, 4],
 'Nombre': ['Ana', 'Juan', 'María', 'Pedro'],
 'DepartamentoID': [101, 102, 101, 103]
}
df_empleados = pd.DataFrame(data_empleados)

# Crear un DataFrame de departamentos
data_departamentos = {
 'ID': [101, 102, 103],
 'Departamento': ['Ventas', 'Tecnología', 'RRHH']
}
df_departamentos = pd.DataFrame(data_departamentos)

print("DataFrame de empleados:")
print(df_empleados)

print("\nDataFrame de departamentos:")
print(df_departamentos)
```

Ahora, vamos a combinar estos DataFrames utilizando la columna común 'DepartamentoID' en los empleados y 'ID' en los departamentos usando la función merge de Pandas:

```
# Combinar los DataFrames usando merge
resultado_merge = pd.merge(df_empleados, df_departamentos,
left_on='DepartamentoID', right_on='ID')

print("\nResultado de la combinación usando merge:")
print(resultado_merge)
```

Este código realizará una combinación entre los DataFrames `df_empleados` y `df_departamentos` utilizando las columnas 'DepartamentoID' en `df_empleados` y 'ID' en `df_departamentos`. El resultado mostrará la información de empleados junto con los nombres de sus respectivos departamentos.

Resultado:

```
DataFrame de empleados:
   ID Nombre  DepartamentoID
0   1    Ana             101
1   2   Juan             102
2   3  María             101
3   4  Pedro             103

DataFrame de departamentos:
    ID Departamento
0  101       Ventas
1  102    Tecnología
2  103         RRHH

Resultado de la combinación usando merge:
   ID_x Nombre  DepartamentoID  ID_y Departamento
0     1    Ana             101   101       Ventas
1     3  María             101   101       Ventas
2     2   Juan             102   102    Tecnología
3     4  Pedro             103   103         RRHH
```

Ejercicio 36. Uso del Método merge

aquí tienes otro ejemplo de combinación de DataFrames, esta vez utilizando el método `merge` para unir dos conjuntos de datos basados en columnas comunes.

Supongamos que tenemos información sobre diferentes productos y sus precios, así como también la cantidad vendida de cada producto:

```python
import pandas as pd

# Crear un DataFrame de precios de productos
data_precios = {
 'Producto': ['A', 'B', 'C'],
 'Precio': [20, 30, 25]
}
df_precios = pd.DataFrame(data_precios)

# Crear un DataFrame de ventas de productos
data_ventas = {
 'Producto': ['A', 'B', 'C', 'A', 'C'],
 'Cantidad_Vendida': [10, 5, 8, 12, 6]
}
df_ventas = pd.DataFrame(data_ventas)

print("DataFrame de precios:")
print(df_precios)

print("\nDataFrame de ventas:")
print(df_ventas)
```

Ahora, combinemos estos DataFrames utilizando la columna común 'Producto' para obtener información sobre el precio y la cantidad vendida de cada producto:

```python
# Combinar los DataFrames usando merge
resultado_merge = pd.merge(df_precios, df_ventas,
on='Producto')

print("\nResultado de la combinación usando merge:")
```

```
print(resultado_merge)
```

Este código realizará una combinación entre los DataFrames `df_precios` y
`df_ventas` utilizando la columna 'Producto'. El resultado mostrará la información
de precios y la cantidad vendida para cada producto.

Resultado:

```
DataFrame de precios:
   Producto  Precio
0         A      20
1         B      30
2         C      25

DataFrame de ventas:
   Producto  Cantidad_Vendida
0         A                10
1         B                 5
2         C                 8
3         A                12
4         C                 6

Resultado de la combinación usando merge:
   Producto  Precio  Cantidad_Vendida
0         A      20                10
1         A      20                12
2         B      30                 5
3         C      25                 8
4         C      25                 6
```

Ejercicio 37. Combinación de Dataframes.

Vamos a trabajar con dos DataFrames que contienen información sobre estudiantes y sus calificaciones en diferentes materias:

```python
import pandas as pd

# Crear un DataFrame de estudiantes
data_estudiantes = {
  'ID_estudiante': [1, 2, 3, 4],
  'Nombre': ['Ana', 'Juan', 'María', 'Pedro']
}
df_estudiantes = pd.DataFrame(data_estudiantes)

# Crear un DataFrame de calificaciones
data_calificaciones = {
  'ID_estudiante': [1, 2, 1, 3, 4],
  'Materia': ['Matemáticas', 'Historia', 'Ciencias',
'Matemáticas', 'Historia'],
  'Calificacion': [85, 70, 90, 75, 80]
}
df_calificaciones = pd.DataFrame(data_calificaciones)

print("DataFrame de estudiantes:")
print(df_estudiantes)

print("\nDataFrame de calificaciones:")
print(df_calificaciones)
```

Ahora, unamos estos DataFrames utilizando la columna común 'ID_estudiante' para obtener información sobre las calificaciones de cada estudiante:

```python
# Combinar los DataFrames usando merge
resultado_merge = pd.merge(df_estudiantes, df_calificaciones,
on='ID_estudiante')

print("\nResultado de la combinación usando merge:")
print(resultado_merge)
```

Este código realizará una combinación entre los DataFrames `df_estudiantes` y `df_calificaciones` utilizando la columna 'ID_estudiante'. El resultado mostrará la información de estudiantes junto con sus calificaciones en diferentes materias.

Resultado:

```
DataFrame de estudiantes:
   ID_estudiante Nombre
0              1    Ana
1              2   Juan
2              3  María
3              4  Pedro

DataFrame de calificaciones:
   ID_estudiante      Materia  Calificacion
0              1  Matemáticas            85
1              2     Historia            70
2              1     Ciencias            90
3              3  Matemáticas            75
4              4     Historia            80

Resultado de la combinación usando merge:
   ID_estudiante Nombre      Materia  Calificacion
0              1    Ana  Matemáticas            85
1              1    Ana     Ciencias            90
2              2   Juan     Historia            70
3              3  María  Matemáticas            75
4              4  Pedro     Historia            80
```

Ejercicio 38. Método join

El método `join` de Pandas también se puede utilizar para combinar DataFrames basados en índices o columnas comunes. Vamos a utilizar el mismo escenario de estudiantes y sus calificaciones, pero esta vez usaremos el método `join`.

```python
import pandas as pd

# Crear un DataFrame de estudiantes
data_estudiantes = {
 'ID_estudiante': [1, 2, 3, 4],
 'Nombre': ['Ana', 'Juan', 'María', 'Pedro']
}
df_estudiantes = pd.DataFrame(data_estudiantes)
df_estudiantes.set_index('ID_estudiante', inplace=True) #
Establecer ID_estudiante como índice

# Crear un DataFrame de calificaciones
data_calificaciones = {
 'ID_estudiante': [1, 2, 1, 3, 4],
 'Materia': ['Matemáticas', 'Historia', 'Ciencias',
'Matemáticas', 'Historia'],
 'Calificacion': [85, 70, 90, 75, 80]
}
df_calificaciones = pd.DataFrame(data_calificaciones)
df_calificaciones.set_index('ID_estudiante', inplace=True) #
Establecer ID_estudiante como índice

print("DataFrame de estudiantes:")
print(df_estudiantes)

print("\nDataFrame de calificaciones:")
print(df_calificaciones)
```

Ahora, unamos estos DataFrames utilizando `join` basado en los índices:

```
# Combinar los DataFrames usando join basado en los índices
resultado_join = df_estudiantes.join(df_calificaciones,
lsuffix='_estudiantes', rsuffix='_calificaciones')

print("\nResultado de la combinación usando join:")
print(resultado_join)
```

Aquí, `join` une los DataFrames utilizando los índices, y el resultado mostrará la información de estudiantes junto con sus calificaciones en diferentes materias.

Resultado:

```
DataFrame de estudiantes:
                Nombre
ID_estudiante
1                  Ana
2                 Juan
3                María
4                Pedro

DataFrame de calificaciones:
                  Materia  Calificacion
ID_estudiante
1             Matemáticas            85
2                Historia            70
1                Ciencias            90
3             Matemáticas            75
4                Historia            80

Resultado de la combinación usando join:
                Nombre       Materia  Calificacion
ID_estudiante
1                  Ana   Matemáticas            85
1                  Ana      Ciencias            90
2                 Juan      Historia            70
3                María   Matemáticas            75
4                Pedro      Historia            80
```

Ejercicio 39. Combinación de DataFrames.

Creemos dos DataFrames que contienen información sobre ventas y los gerentes asignados a cada región de ventas.

```python
import pandas as pd

# Crear un DataFrame de ventas por región
data_ventas = {
 'Region': ['Norte', 'Sur', 'Este', 'Oeste'],
 'Ventas': [5000, 6000, 5500, 4800]
}
df_ventas = pd.DataFrame(data_ventas)
df_ventas.set_index('Region', inplace=True) # Establecer
'Region' como índice

# Crear un DataFrame de gerentes por región
data_gerentes = {
 'Region': ['Norte', 'Sur', 'Este', 'Oeste'],
 'Gerente': ['Ana', 'Juan', 'María', 'Pedro']
}
df_gerentes = pd.DataFrame(data_gerentes)
df_gerentes.set_index('Region', inplace=True) # Establecer
'Region' como índice

print("DataFrame de ventas por región:")
print(df_ventas)

print("\nDataFrame de gerentes por región:")
print(df_gerentes)
```

Luego, combinemos estos DataFrames utilizando `join` basado en los índices:

```
# Combinar los DataFrames usando join basado en los índices
resultado_join = df_ventas.join(df_gerentes,
lsuffix='_ventas', rsuffix='_gerentes')

print("\nResultado de la combinación usando join:")
print(resultado_join)
```

En este caso, el método `join` combina los DataFrames `df_ventas` y `df_gerentes` utilizando los índices ('Region'). El resultado mostrará la información de ventas junto con los gerentes asignados a cada región de ventas.

Resultado:

```
DataFrame de ventas por región:
        Ventas
Region
Norte    5000
Sur      6000
Este     5500
Oeste    4800


DataFrame de gerentes por región:
        Gerente
Region
Norte     Ana
Sur       Juan
Este      María
Oeste     Pedro


Resultado de la combinación usando join:
        Ventas Gerente
Region
Norte    5000    Ana
Sur      6000    Juan
Este     5500    María
Oeste    4800    Pedro
```

Visualización de Datos

Ejercicio 40. Gráfico de Barras

Creemos un ejemplo utilizando datos ficticios de ventas mensuales para diferentes productos y visualicemos estas ventas utilizando un gráfico de barras.

```python
import pandas as pd
import matplotlib.pyplot as plt

# Crear un DataFrame con datos de ventas mensuales por
producto
data_ventas = {
 'Producto': ['A', 'B', 'C', 'D'],
 'Ene': [3000, 4500, 5000, 3500],
 'Feb': [4000, 4200, 4800, 3800],
 'Mar': [3500, 4800, 5200, 3700]
}
df_ventas = pd.DataFrame(data_ventas)
df_ventas.set_index('Producto', inplace=True) # Establecer
'Producto' como índice

print("DataFrame de ventas mensuales por producto:")
print(df_ventas)

# Crear un gráfico de barras para visualizar las ventas
mensuales por producto
ax = df_ventas.plot(kind='bar', figsize=(10, 6))
ax.set_ylabel('Ventas')
ax.set_xlabel('Productos')
ax.set_title('Ventas mensuales por producto')

plt.xticks(rotation=0) # Rotar etiquetas del eje x para
mejorar legibilidad

plt.show()
```

Este código crea un DataFrame con datos de ventas mensuales por producto y luego traza un gráfico de barras que muestra las ventas de cada producto en los meses de enero, febrero y marzo. Esta visualización proporciona una comparación visual de las ventas de cada producto a lo largo de los meses.

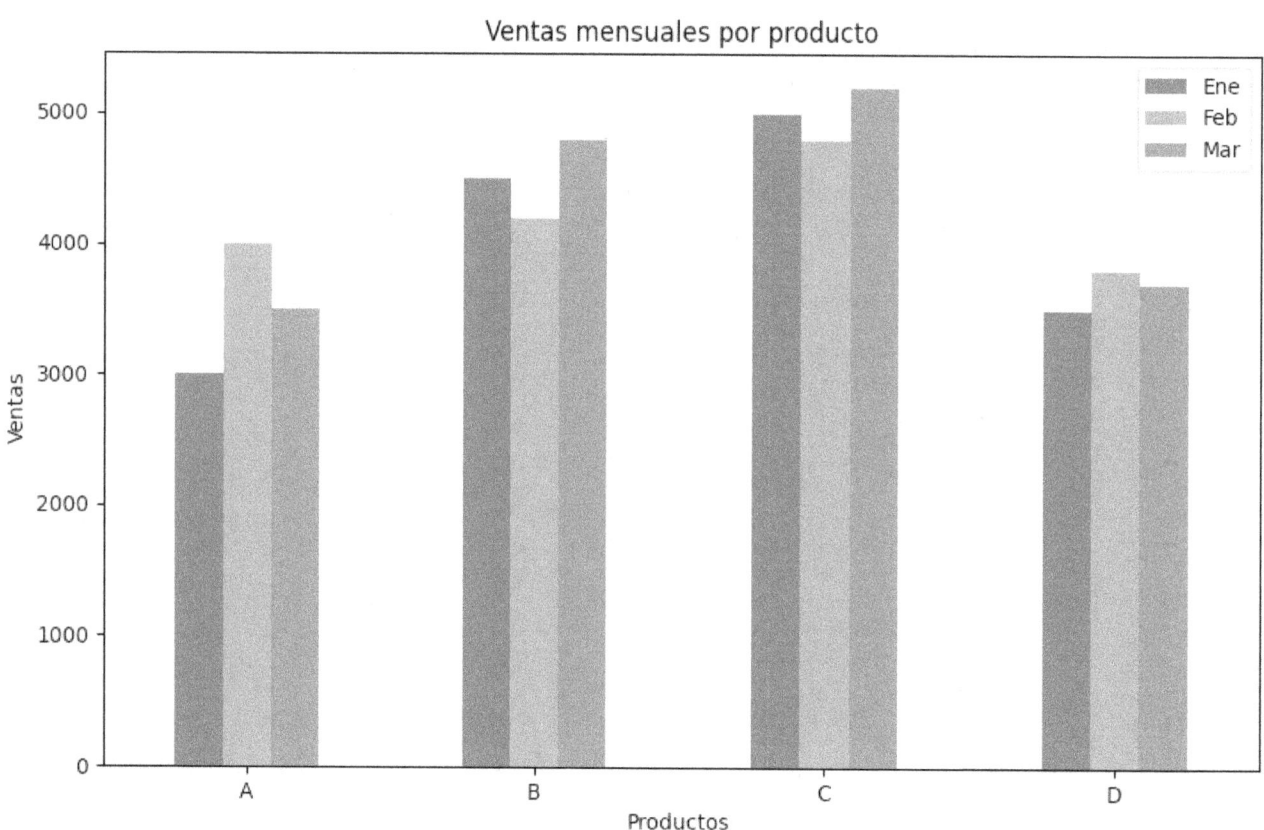

Ejercicio 41. Gráfico de Líneas

Creemos un gráfico de líneas que muestre la evolución temporal de las ventas de diferentes regiones a lo largo de varios meses.

```python
import pandas as pd
import matplotlib.pyplot as plt

# Crear un DataFrame con datos de ventas mensuales por región
data_ventas = {
 'Region': ['Norte', 'Sur', 'Este', 'Oeste'],
 'Ene': [5000, 6000, 5500, 4800],
 'Feb': [5200, 5900, 5600, 4900],
 'Mar': [5300, 6100, 5700, 5000]
}
df_ventas = pd.DataFrame(data_ventas)
df_ventas.set_index('Region', inplace=True) # Establecer 'Region'
como índice

print("DataFrame de ventas mensuales por región:")
print(df_ventas)

# Crear un gráfico de líneas para mostrar la evolución temporal de
las ventas por región
ax = df_ventas.T.plot(kind='line', figsize=(10, 6))
ax.set_ylabel('Ventas')
ax.set_xlabel('Meses')
ax.set_title('Evolución mensual de las ventas por región')

plt.legend(title='Región', bbox_to_anchor=(1.05, 1), loc='upper
left') # Ajustar leyenda fuera del gráfico
plt.xticks(rotation=45) # Rotar etiquetas del eje x para mejorar
legibilidad

plt.show()
```

Este código genera un DataFrame con datos de ventas mensuales por región y luego traza un gráfico de líneas que muestra la evolución de las ventas en cada región a lo largo de los meses. Esta visualización permite comparar fácilmente las tendencias de ventas entre las diferentes regiones.

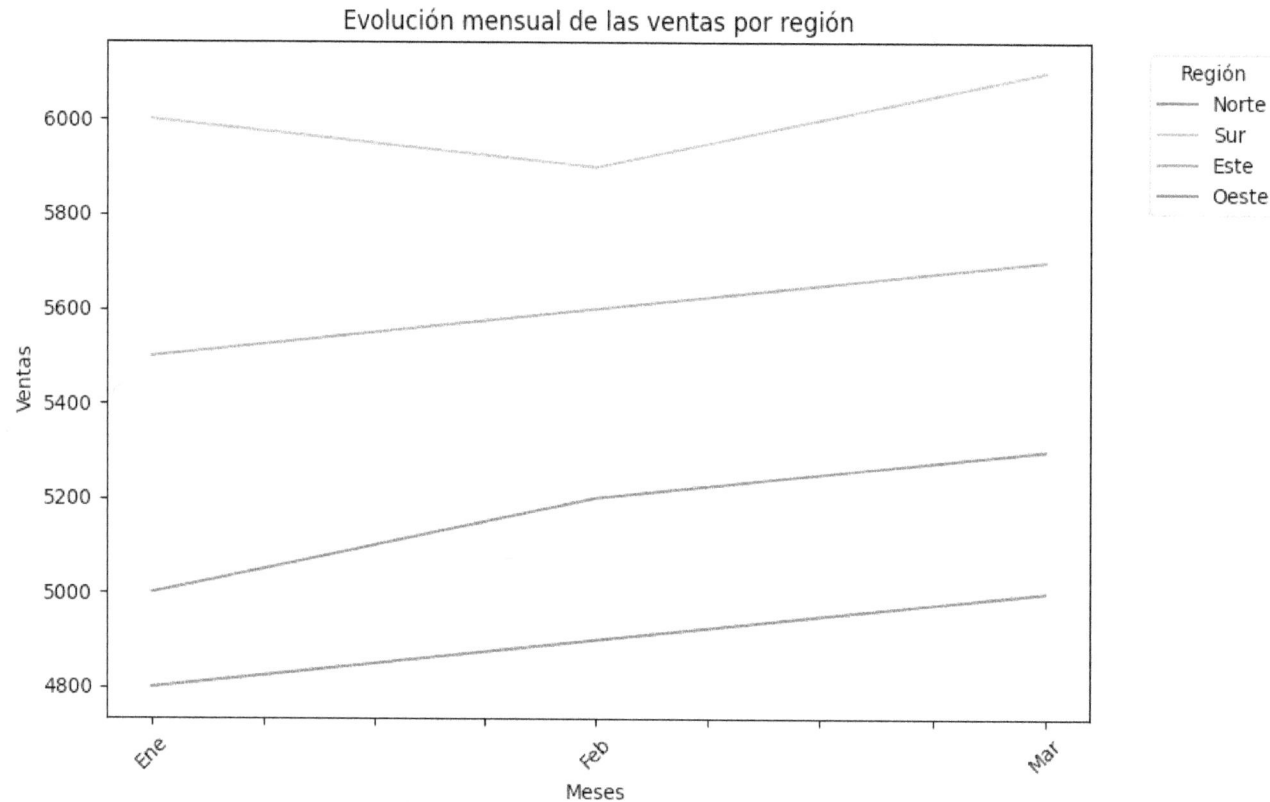

Evolución mensual de las ventas por región

Ejercicio 42. Gráfico de Dispersión.

Esta vez, creemos un gráfico de dispersión que muestre la relación entre la cantidad de horas estudiadas y las calificaciones obtenidas por diferentes estudiantes.

```python
import pandas as pd
import matplotlib.pyplot as plt
import numpy as np

# Crear datos aleatorios de horas de estudio y calificaciones
para diferentes estudiantes
np.random.seed(0)
num_estudiantes = 50

horas_estudio = np.random.randint(1, 8, num_estudiantes) * 10
calificaciones = np.random.randint(40, 100, num_estudiantes)

# Crear un DataFrame con los datos
data = {
 'Horas_estudio': horas_estudio,
 'Calificaciones': calificaciones
}
df = pd.DataFrame(data)

print("DataFrame de horas de estudio y calificaciones:")
print(df.head())

# Crear un gráfico de dispersión para mostrar la relación
entre horas de estudio y calificaciones
df.plot(kind='scatter', x='Horas_estudio', y='Calificaciones',
figsize=(8, 6))
plt.title('Relación entre horas de estudio y calificaciones')
plt.xlabel('Horas de estudio')
plt.ylabel('Calificaciones')

plt.grid(True)
plt.show()
```

Este código genera datos aleatorios de horas de estudio y calificaciones para diferentes estudiantes y luego traza un gráfico de dispersión que muestra la relación entre estas dos variables. Esto permite visualizar la posible correlación entre las horas de estudio y las calificaciones obtenidas por los estudiantes.

Resultado:

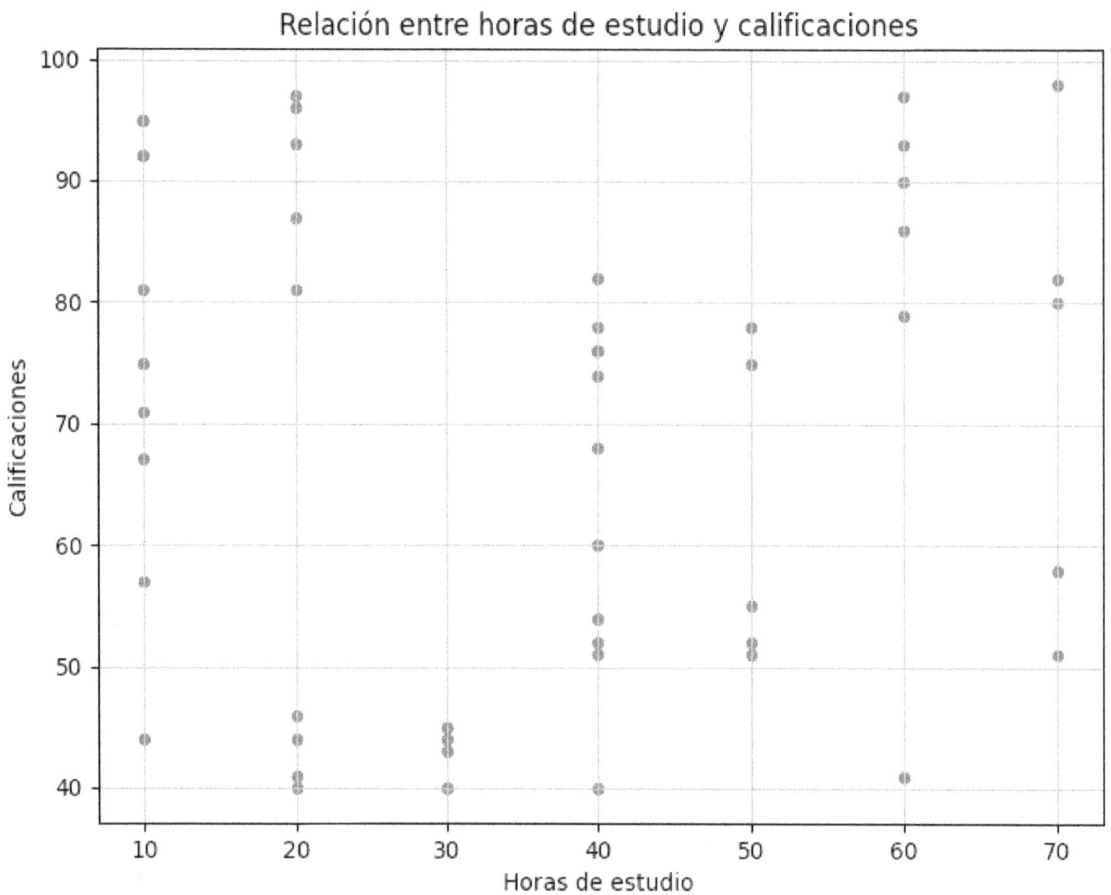

Ejercicio 43. Gráfico de Barras Horizontales.

En este ejemplo crearemos un gráfico de barras horizontales para mostrar la cantidad de productos vendidos en diferentes categorías a lo largo de un período de tiempo.

```python
import pandas as pd
import matplotlib.pyplot as plt

# Crear un DataFrame con datos de ventas mensuales por
categoría de productos
data_ventas = {
 'Categoria': ['Electrónicos', 'Ropa', 'Hogar',
'Electrónicos', 'Ropa', 'Hogar'],
 'Ene': [100, 80, 120, 90, 70, 110],
 'Feb': [120, 90, 110, 100, 85, 115],
 'Mar': [110, 85, 115, 95, 75, 120]
}
df_ventas = pd.DataFrame(data_ventas)

# Agrupar por categoría y sumar las ventas mensuales
df_ventas = df_ventas.groupby('Categoria').sum()

print("DataFrame de ventas mensuales por categoría de
productos:")
print(df_ventas)

# Crear un gráfico de barras horizontales para mostrar las
ventas por categoría de productos
ax = df_ventas.plot(kind='barh', figsize=(10, 6))
ax.set_xlabel('Ventas')
ax.set_ylabel('Categoría')
ax.set_title('Ventas mensuales por categoría de productos')

plt.show()
```

Este código crea un DataFrame con datos de ventas mensuales por categoría de productos y luego agrupa y suma las ventas mensuales por categoría. Después, traza un gráfico de barras horizontales que muestra la cantidad total de productos vendidos en cada categoría a lo largo de un período de tiempo.

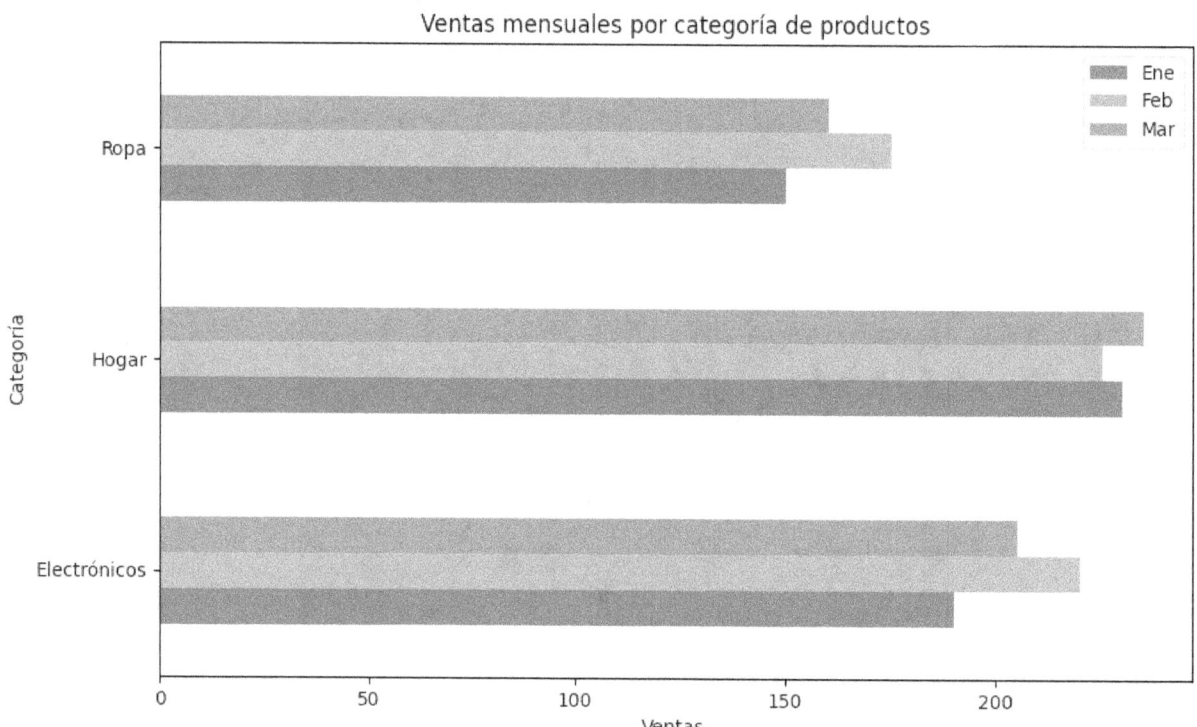

Ejercicio 44. Gráfico de Líneas Apiladas.

Esta vez crearemos un gráfico de líneas apiladas para representar la evolución temporal de la distribución de ventas por producto en diferentes meses.

```python
import pandas as pd
import matplotlib.pyplot as plt

# Crear un DataFrame con datos de ventas mensuales por producto
data_ventas = {
 'Producto': ['A', 'B', 'C'],
 'Ene': [3000, 4500, 5000],
 'Feb': [4000, 4200, 4800],
 'Mar': [3500, 4800, 5200]
}
df_ventas = pd.DataFrame(data_ventas)
df_ventas.set_index('Producto', inplace=True) # Establecer 'Producto' como índice

print("DataFrame de ventas mensuales por producto:")
print(df_ventas)

# Crear un gráfico de líneas apiladas para mostrar la evolución temporal de las ventas por producto
ax = df_ventas.T.plot(kind='line', stacked=True, figsize=(10, 6))
ax.set_ylabel('Ventas')
ax.set_xlabel('Meses')
ax.set_title('Evolución mensual de las ventas por producto')

plt.legend(title='Producto', bbox_to_anchor=(1.05, 1), loc='upper left') # Ajustar leyenda fuera del gráfico
plt.xticks(rotation=45) # Rotar etiquetas del eje x para mejorar legibilidad

plt.show()
```

Este código utiliza un DataFrame con datos de ventas mensuales por producto y crea un gráfico de líneas apiladas que muestra la evolución de las ventas de cada producto a lo largo de varios meses. Esto permite visualizar la contribución de cada producto a las ventas totales en cada mes.

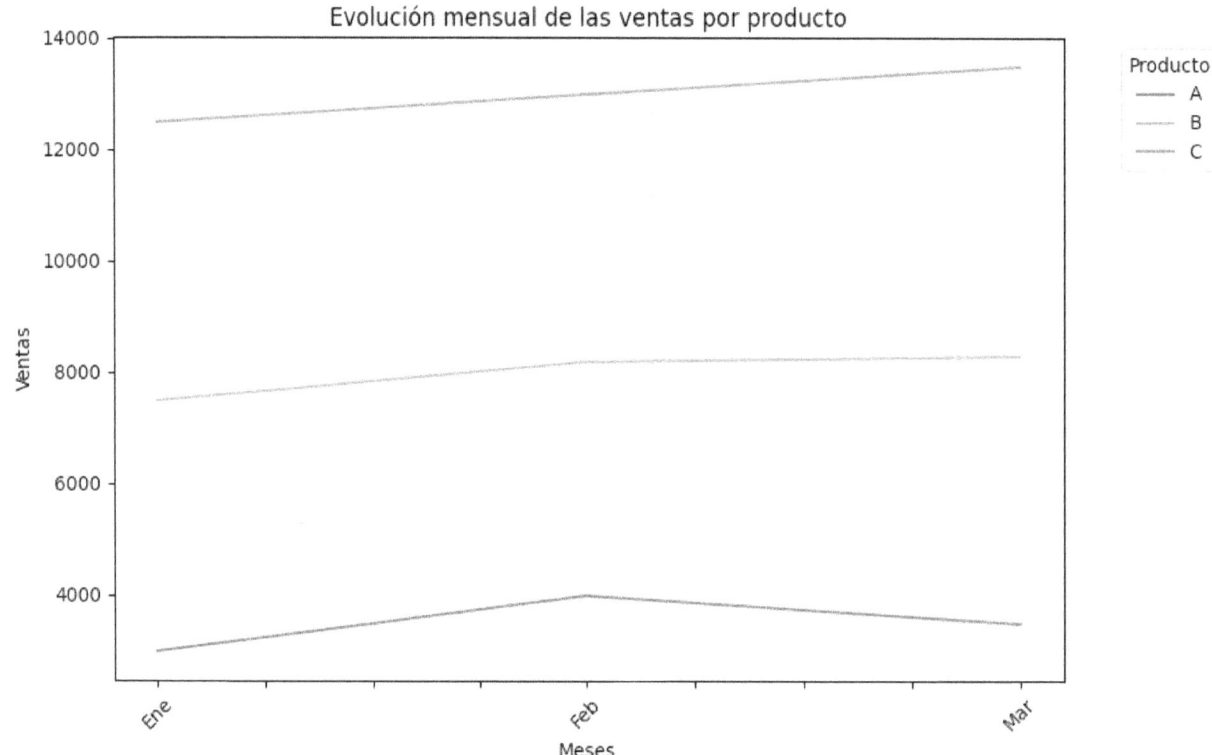

Ejercicio 45. Gráfico de Barras Agrupadas.

Creemos un gráfico de barras agrupadas para comparar las ventas mensuales de diferentes productos en diferentes regiones.

```python
import pandas as pd
import matplotlib.pyplot as plt

# Crear un DataFrame con datos de ventas mensuales por
producto y región
data_ventas = {
 'Region': ['Norte', 'Sur', 'Este', 'Oeste'],
 'Producto_A': [3000, 3500, 3200, 2800],
 'Producto_B': [2500, 2800, 3000, 2700],
 'Producto_C': [3200, 3100, 3300, 2900]
}
df_ventas = pd.DataFrame(data_ventas)
df_ventas.set_index('Region', inplace=True) # Establecer
'Region' como índice

print("DataFrame de ventas mensuales por producto y región:")
print(df_ventas)

# Crear un gráfico de barras agrupadas para mostrar las ventas
mensuales por producto y región
ax = df_ventas.plot(kind='bar', figsize=(10, 6))
ax.set_ylabel('Ventas')
ax.set_xlabel('Región')
ax.set_title('Ventas mensuales por producto y región')

plt.legend(title='Producto')
plt.xticks(rotation=0)

plt.show()
```

Este código utiliza un DataFrame con datos de ventas mensuales por producto y región para trazar un gráfico de barras agrupadas. La visualización compara las ventas de diferentes productos en diferentes regiones, lo que facilita la comparación de rendimiento entre productos y regiones específicas.

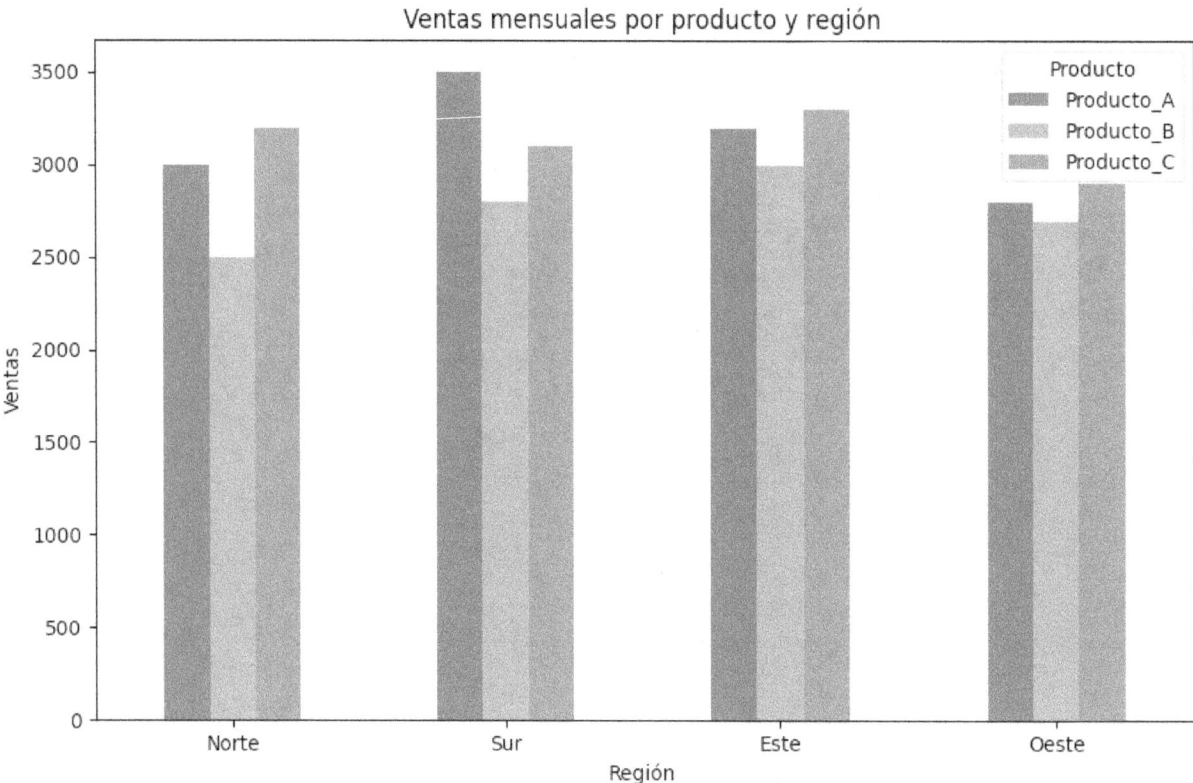

Uso de Datos Reales.

Ejercicio 46. Datos Reales

Trabajemos con datos reales. Imagina que tenemos un conjunto de datos de ventas de una tienda y queremos realizar algunas operaciones para analizar el rendimiento de las ventas.

Supongamos que tenemos un archivo CSV llamado "ventas_tienda.csv" que contiene información sobre las ventas de productos en diferentes fechas. Carguemos este archivo y realicemos algunas operaciones comunes con Pandas.

```python
import pandas as pd

# Cargar el archivo CSV de ventas
file_path = 'ventas_tienda.csv'
df_ventas = pd.read_csv(file_path)

# Mostrar las primeras filas para tener una vista previa de
los datos
print("Vista previa de los datos:")
print(df_ventas.head())

# Obtener información general del DataFrame
print("\nInformación general del DataFrame:")
print(df_ventas.info())

# Calcular la suma total de ventas
total_ventas = df_ventas['Monto'].sum()
print(f"\nTotal de ventas: ${total_ventas}")

# Calcular el promedio de ventas
promedio_ventas = df_ventas['Monto'].mean()
print(f"Promedio de ventas: ${promedio_ventas:.2f}")

# Encontrar el producto más vendido
```

```
producto_mas_vendido = df_ventas['Producto'].mode().values[0]
print(f"\nProducto más vendido: {producto_mas_vendido}")

# Calcular las ventas por mes
df_ventas['Fecha'] = pd.to_datetime(df_ventas['Fecha'])
df_ventas['Mes'] = df_ventas['Fecha'].dt.month
ventas_por_mes = df_ventas.groupby('Mes')['Monto'].sum()
print("\nVentas por mes:")
print(ventas_por_mes)
```

En este ejemplo, hemos cargado un archivo CSV que contiene datos de ventas de una tienda. Luego, realizamos algunas operaciones comunes con Pandas, como obtener información general de los datos, calcular el total y el promedio de ventas, encontrar el producto más vendido y calcular las ventas por mes. Estas operaciones son típicas en el análisis de datos de ventas de una tienda y proporcionan información útil sobre el rendimiento de las ventas.

Ejercicio 47. datos de un archivo Excel

Esta vez, trabajaremos con datos de un archivo Excel que contiene información sobre el inventario de productos de una empresa. Realizaremos operaciones comunes para analizar este inventario utilizando Pandas.

Supongamos que tenemos un archivo Excel llamado "inventario_productos.xlsx" que contiene información sobre el stock de productos en la empresa. Carguemos este archivo y realicemos algunas operaciones:

```python
import pandas as pd

# Cargar el archivo Excel de inventario de productos
file_path = 'inventario_productos.xlsx'
df_inventario = pd.read_excel(file_path)

# Mostrar las primeras filas para tener una vista previa de
los datos
print("Vista previa del inventario de productos:")
print(df_inventario.head())

# Obtener información general del DataFrame
print("\nInformación general del inventario:")
print(df_inventario.info())

# Calcular la cantidad total de productos en stock
total_productos = df_inventario['Cantidad'].sum()
print(f"\nTotal de productos en stock: {total_productos}")

# Encontrar la categoría de productos más común
categoria_mas_comun =
df_inventario['Categoria'].mode().values[0]
print(f"Categoría de productos más común:
{categoria_mas_comun}")

# Encontrar los productos con stock mínimo (por ejemplo, menos
de 10 unidades)
productos_stock_minimo =
df_inventario[df_inventario['Cantidad'] < 10]
print("\nProductos con stock mínimo:")
```

```
print(productos_stock_minimo[['Producto', 'Cantidad']])
```

En este ejemplo, hemos cargado un archivo Excel que contiene información sobre el inventario de productos de una empresa. Luego, realizamos algunas operaciones comunes con Pandas, como obtener información general del inventario, calcular la cantidad total de productos en stock, encontrar la categoría de productos más común y identificar los productos con stock mínimo. Estas operaciones son útiles para realizar un análisis básico del inventario de la empresa.

Ejercicio 48. datos de un Conjunto de Encuestas.

Por supuesto, imaginemos que trabajamos con datos de un conjunto de encuestas de satisfacción de clientes en una empresa de servicios. Vamos a cargar un archivo CSV que contiene esta información y realizar algunas operaciones de análisis con Pandas.

Supongamos que tenemos un archivo CSV llamado "encuestas_clientes.csv" que contiene datos de las encuestas de satisfacción de clientes. Realicemos algunas operaciones comunes con estos datos.

```python
import pandas as pd

# Cargar el archivo CSV de encuestas de clientes
file_path = 'encuestas_clientes.csv'
df_encuestas = pd.read_csv(file_path)

# Mostrar las primeras filas para tener una vista previa de
los datos
print("Vista previa de las encuestas de clientes:")
print(df_encuestas.head())

# Obtener información general del DataFrame
print("\nInformación general de las encuestas:")
print(df_encuestas.info())

# Calcular el promedio de satisfacción de los clientes
promedio_satisfaccion = df_encuestas['Satisfaccion'].mean()
print(f"\nPromedio de satisfacción de los clientes:
{promedio_satisfaccion:.2f}")

# Encontrar la cantidad de clientes insatisfechos (con puntaje
menor a 3)
clientes_insatisfechos =
df_encuestas[df_encuestas['Satisfaccion'] < 3]
cant_clientes_insatisfechos = len(clientes_insatisfechos)
print(f"Cantidad de clientes insatisfechos:
{cant_clientes_insatisfechos}")
```

```
# Calcular la distribución de puntajes de satisfacción
distribucion_satisfaccion =
df_encuestas['Satisfaccion'].value_counts().sort_index()
print("\nDistribución de puntajes de satisfacción:")
print(distribucion_satisfaccion)
```

En este ejemplo, cargamos un archivo CSV que contiene datos de encuestas de satisfacción de clientes. Luego, utilizamos Pandas para realizar algunas operaciones comunes de análisis, como obtener información general de las encuestas, calcular el promedio de satisfacción, encontrar la cantidad de clientes insatisfechos y analizar la distribución de puntajes de satisfacción. Estas operaciones nos ayudan a comprender la satisfacción general de los clientes y los aspectos que podrían requerir mejoras en el servicio.

Ejercicio 49. datos Financieros.

Esta vez trabajaremos con datos financieros de una empresa. Supongamos que tenemos un archivo CSV llamado "datos_financieros.csv" que contiene información sobre ingresos, gastos y beneficios de la empresa. Carguemos este archivo y realicemos algunas operaciones comunes de análisis financiero utilizando Pandas.

```python
import pandas as pd

# Cargar el archivo CSV de datos financieros
file_path = 'datos_financieros.csv'
df_finanzas = pd.read_csv(file_path)

# Mostrar las primeras filas para tener una vista previa de
los datos
print("Vista previa de los datos financieros:")
print(df_finanzas.head())

# Obtener información general del DataFrame
print("\nInformación general de los datos financieros:")
print(df_finanzas.info())

# Calcular los ingresos totales, gastos totales y beneficio
neto
ingresos_totales = df_finanzas['Ingresos'].sum()
gastos_totales = df_finanzas['Gastos'].sum()
beneficio_neto = ingresos_totales - gastos_totales
print(f"\nIngresos totales: ${ingresos_totales}")
print(f"Gastos totales: ${gastos_totales}")
print(f"Beneficio neto: ${beneficio_neto}")

# Calcular el mes con mayor beneficio y el mes con menor
beneficio
mes_max_beneficio = df_finanzas.loc[df_finanzas['Beneficio']
== df_finanzas['Beneficio'].max(), 'Mes'].values[0]
mes_min_beneficio = df_finanzas.loc[df_finanzas['Beneficio']
== df_finanzas['Beneficio'].min(), 'Mes'].values[0]
print(f"\nMes con mayor beneficio: {mes_max_beneficio}")
print(f"Mes con menor beneficio: {mes_min_beneficio}")
```

En este ejemplo, hemos cargado un archivo CSV con datos financieros de una empresa y realizado algunas operaciones comunes de análisis financiero utilizando Pandas. Calculamos los ingresos totales, gastos totales y el beneficio neto, además de identificar el mes con el mayor beneficio y el mes con el menor beneficio. Estas operaciones nos proporcionan información crucial para comprender el rendimiento financiero de la empresa en diferentes períodos.

Ejercicio 50. Análisis de Datos.

Vamos a considerar un conjunto de datos de una tienda en línea que contiene información sobre las transacciones de compra. Vamos a cargar un archivo CSV llamado "transacciones_tienda.csv" y realizar algunas operaciones comunes para analizar estos datos utilizando Pandas.

```python
import pandas as pd

# Cargar el archivo CSV de transacciones de la tienda en línea
file_path = 'transacciones_tienda.csv'
df_transacciones = pd.read_csv(file_path)

# Mostrar las primeras filas para tener una vista previa de
los datos
print("Vista previa de las transacciones:")
print(df_transacciones.head())

# Obtener información general del DataFrame
print("\nInformación general de las transacciones:")
print(df_transacciones.info())

# Calcular el total de ingresos
total_ingresos = df_transacciones['Precio'].sum()
print(f"\nTotal de ingresos: ${total_ingresos}")

# Encontrar los productos más vendidos
productos_mas_vendidos =
df_transacciones['Producto'].value_counts().head(3)
print("\nProductos más vendidos:")
print(productos_mas_vendidos)

# Calcular el promedio de precios por categoría de productos
promedio_precios_categoria =
df_transacciones.groupby('Categoria')['Precio'].mean()
print("\nPromedio de precios por categoría de productos:")
print(promedio_precios_categoria)
```

En este ejemplo, cargamos un archivo CSV que contiene datos de transacciones de compra de una tienda en línea. Luego, realizamos algunas operaciones comunes de análisis, como obtener información general de las transacciones, calcular el total de ingresos, identificar los productos más vendidos y calcular el promedio de precios por categoría de productos. Estas operaciones nos ayudan a comprender las tendencias de compra y el rendimiento de diferentes productos en la tienda en línea.

Optimización y Rendimiento.

Ejercicio 51. Optimización de Conjunto de datos.

Trabajar con grandes conjuntos de datos en Pandas puede requerir optimización para mejorar el rendimiento. Aquí hay un ejemplo que ilustra cómo manejar un gran conjunto de datos y optimizar algunas operaciones con Pandas.

Supongamos que tenemos un archivo CSV bastante grande con datos de ventas diarias de una empresa a lo largo de varios años. Queremos cargar este archivo, realizar algunas operaciones de procesamiento y cálculo sobre los datos y optimizar estas operaciones para mejorar el rendimiento.

```python
import pandas as pd

# Cargar un archivo CSV grande de ventas diarias
file_path = 'ventas_diarias_grandes.csv'
chunk_size = 100000 # Tamaño del chunk para la lectura del
archivo

# Iterar a través de los chunks para calcular el total de
ingresos por año
total_ingresos_por_anio = {}
for chunk in pd.read_csv(file_path, chunksize=chunk_size):
 chunk['Fecha'] = pd.to_datetime(chunk['Fecha'])
 chunk['Anio'] = chunk['Fecha'].dt.year
 chunk['Ingresos'] = chunk['Cantidad'] * chunk['Precio'] #
Calcular ingresos por transacción
 chunk = chunk[['Anio', 'Ingresos']] # Seleccionar columnas
relevantes
 chunk_agrupado = chunk.groupby('Anio')['Ingresos'].sum()
 for year, income in chunk_agrupado.items():
 total_ingresos_por_anio[year] =
total_ingresos_por_anio.get(year, 0) + income
```

```
# Mostrar los totales de ingresos por año
print("Total de ingresos por año:")
print(total_ingresos_por_anio)
```

En este ejemplo, utilizamos la lectura por chunks (`chunksize`) al cargar el archivo CSV grande para manejar eficientemente grandes conjuntos de datos en Pandas. Luego, iteramos a través de estos chunks para calcular el total de ingresos por año. También seleccionamos solo las columnas relevantes para minimizar la memoria utilizada y optimizar el rendimiento de las operaciones.

Esta es una estrategia común para trabajar con grandes conjuntos de datos en Pandas, dividiendo el procesamiento en chunks más pequeños para optimizar la memoria y mejorar el rendimiento.
.Ejercicio 52.

Aquí hay otro ejemplo que muestra cómo procesar un archivo grande de manera eficiente utilizando Pandas.

Supongamos que tenemos un archivo CSV de datos de empleados con una gran cantidad de registros y queremos cargarlo, filtrar algunos datos y realizar un cálculo complejo sobre estos datos de manera eficiente.

```
import pandas as pd

# Cargar un archivo CSV grande de datos de empleados
file_path = 'datos_empleados_grandes.csv'
chunk_size = 100000 # Tamaño del chunk para la lectura del
archivo

# Calcular el promedio de edad por departamento solo para
empleados permanentes con salario mayor a $50,000
edad_departamento = {}
for chunk in pd.read_csv(file_path, chunksize=chunk_size):
 chunk = chunk[(chunk['Tipo'] == 'Permanente') &
(chunk['Salario'] > 50000)]
 chunk['Edad'] = pd.to_datetime('today').year -
pd.to_datetime(chunk['FechaNacimiento']).dt.year
 chunk = chunk[['Departamento', 'Edad']]
 chunk_promedio = chunk.groupby('Departamento')['Edad'].mean()
 for depto, edad_promedio in chunk_promedio.items():
```

```
  if not pd.isnull(edad_promedio): # Ignorar departamentos sin
empleados que cumplan las condiciones
 edad_departamento[depto] = edad_departamento.get(depto, 0) +
edad_promedio

# Mostrar el promedio de edad por departamento
print("Promedio de edad por departamento para empleados
permanentes con salario > $50,000:")
print(edad_departamento)
```

En este ejemplo, nuevamente utilizamos la lectura por chunks (`chunksize`) al cargar el archivo CSV grande para optimizar el manejo de la memoria. Luego, filtramos los datos relevantes, calculamos la edad de los empleados y el promedio de edad por departamento, considerando solo a empleados permanentes con salarios superiores a $50,000.

Este enfoque permite realizar cálculos complejos en grandes conjuntos de datos de manera más eficiente al procesarlos por partes, evitando la carga completa en la memoria y optimizando el rendimiento de las operaciones.

Ejercicio 52. Optimización de Conjunto de Datos.

Aquí tienes otro ejemplo que implica el manejo eficiente de grandes conjuntos de datos. Imagina que tienes un archivo CSV con registros de transacciones financieras de una empresa a lo largo de varios años. Queremos cargar este archivo, filtrar los datos relevantes y realizar un cálculo para obtener estadísticas mensuales de ingresos y gastos.

```python
import pandas as pd

# Cargar un archivo CSV grande de transacciones financieras
file_path = 'transacciones_financieras_grandes.csv'
chunk_size = 100000 # Tamaño del chunk para la lectura del
archivo

# Calcular estadísticas mensuales de ingresos y gastos
estadisticas_mensuales = {}
for chunk in pd.read_csv(file_path, chunksize=chunk_size):
 chunk['Fecha'] = pd.to_datetime(chunk['Fecha'])
 chunk['Mes'] = chunk['Fecha'].dt.to_period('M')
 chunk['Ingreso'] = chunk[chunk['Tipo'] == 'Ingreso']['Monto']
 chunk['Gasto'] = chunk[chunk['Tipo'] == 'Gasto']['Monto']
 chunk = chunk.groupby(['Mes']).agg({'Ingreso': 'sum',
'Gasto': 'sum'}).fillna(0)
 for mes, datos in chunk.iterrows():
 if mes not in estadisticas_mensuales:
 estadisticas_mensuales[mes] = {'Ingreso': 0, 'Gasto': 0}
 estadisticas_mensuales[mes]['Ingreso'] += datos['Ingreso']
 estadisticas_mensuales[mes]['Gasto'] += datos['Gasto']

# Mostrar las estadísticas mensuales de ingresos y gastos
print("Estadísticas mensuales de ingresos y gastos:")
for mes, datos in estadisticas_mensuales.items():
 print(f"Mes: {mes} - Ingresos: {datos['Ingreso']}, Gastos:
{datos['Gasto']}")
```

En este ejemplo, utilizamos la lectura por chunks (`chunksize`) para cargar y procesar el archivo CSV de transacciones financieras en partes. Luego, transformamos los datos para calcular las estadísticas mensuales de ingresos y gastos, teniendo en cuenta los diferentes tipos de transacciones. Esta estrategia nos permite manejar grandes conjuntos de datos de manera eficiente y calcular estadísticas útiles sobre las transacciones financieras mensuales de la empresa.

Ejercicio 53. Manejo eficiente de Datos.

Aquí hay otro ejemplo que implica el manejo eficiente de datos utilizando Pandas. Supongamos que trabajamos con un archivo CSV grande que contiene registros de temperaturas diarias de múltiples ciudades a lo largo de varios años. Vamos a cargar este archivo, realizar cálculos sobre los datos y optimizar el procesamiento para mejorar el rendimiento.

```python
import pandas as pd

# Cargar un archivo CSV grande de registros de temperaturas
file_path = 'temperaturas_grandes.csv'
chunk_size = 100000 # Tamaño del chunk para la lectura del
archivo

# Calcular la temperatura promedio mensual por ciudad para los
últimos 5 años
temperatura_promedio_mensual = {}
for chunk in pd.read_csv(file_path, chunksize=chunk_size):
 chunk['Fecha'] = pd.to_datetime(chunk['Fecha'])
 chunk['Anio'] = chunk['Fecha'].dt.year
 chunk['Mes'] = chunk['Fecha'].dt.month
 chunk['Ciudad'] = chunk['Ciudad'].str.capitalize()
 chunk = chunk[chunk['Anio'] >= pd.to_datetime('today').year -
5]
 chunk = chunk.groupby(['Ciudad', 'Anio',
'Mes']).agg({'Temperatura': 'mean'})
 for idx, temp in chunk.iterrows():
 ciudad, anio, mes = idx
 if ciudad not in temperatura_promedio_mensual:
 temperatura_promedio_mensual[ciudad] = {}
 if (anio, mes) not in temperatura_promedio_mensual[ciudad]:
 temperatura_promedio_mensual[ciudad][(anio, mes)] = []
 temperatura_promedio_mensual[ciudad][(anio,
mes)].append(temp['Temperatura'])

# Calcular la temperatura promedio mensual final por ciudad
for ciudad, datos in temperatura_promedio_mensual.items():
 for mes_anio, temps in datos.items():
```

```python
    temperatura_promedio_mensual[ciudad][mes_anio] = sum(temps) /
len(temps)

# Mostrar la temperatura promedio mensual por ciudad para los
últimos 5 años
print("Temperatura promedio mensual por ciudad para los
últimos 5 años:")
for ciudad, datos in temperatura_promedio_mensual.items():
 print(f"{ciudad}:")
 for mes_anio, temp in datos.items():
 print(f" {mes_anio[0]}/{mes_anio[1]} - Temperatura promedio:
{temp:.2f}°C")
```

En este ejemplo, utilizamos la lectura por chunks (chunksize) al cargar el archivo CSV de registros de temperaturas. Luego, filtramos los datos para considerar únicamente los últimos 5 años y calculamos la temperatura promedio mensual por ciudad. Al utilizar esta estrategia de procesamiento por partes, podemos manejar grandes volúmenes de datos de manera eficiente y calcular estadísticas útiles sobre las temperaturas mensuales de las ciudades.

Manipulación Avanzada de Datos.

Ejercicio 54. Manipulación Avanzada (Trabajo)

Podemos trabajar con la manipulación avanzada de datos. Imaginemos que tenemos un conjunto de datos de una empresa que contiene información sobre empleados, sus salarios y fechas de inicio de trabajo. Queremos encontrar la antigüedad promedio de los empleados por departamento.

```python
import pandas as pd

# Supongamos que tenemos un DataFrame con información de
empleados
data = {
 'Nombre': ['Alice', 'Bob', 'Charlie', 'David', 'Emma'],
 'Departamento': ['Ventas', 'TI', 'Ventas', 'TI',
'Marketing'],
 'Salario': [50000, 60000, 55000, 62000, 48000],
 'Fecha_inicio': ['2018-03-15', '2017-06-21', '2019-01-10',
'2016-08-29', '2020-02-12']
}

df_empleados = pd.DataFrame(data)
df_empleados['Fecha_inicio'] =
pd.to_datetime(df_empleados['Fecha_inicio'])

# Calcular la antigüedad promedio de los empleados por
departamento
hoy = pd.to_datetime('today')
df_empleados['Antigüedad'] = (hoy -
df_empleados['Fecha_inicio']).dt.days
antiguedad_promedio =
df_empleados.groupby('Departamento')['Antigüedad'].mean()
```

```
print("Antigüedad promedio de empleados por departamento:")
print(antiguedad_promedio)
```

En este ejemplo, se crea un DataFrame ficticio con información de empleados, incluyendo sus nombres, departamento, salario y fecha de inicio. Se calcula la antigüedad de cada empleado en días a partir de su fecha de inicio y se agrupa por departamento para encontrar la antigüedad promedio de los empleados en cada departamento. Esta manipulación avanzada de datos involucra operaciones con fechas y agrupaciones que proporcionan información útil sobre la empresa y sus empleados.

Resultado:

```
Antigüedad promedio de empleados por departamento:
Departamento
Marketing     1427.0
TI            2541.0
Ventas        1975.5
Name: Antigüedad, dtype: float64
```

Ejercicio 55. Tasa de Crecimiento.

En este caso, trabajemos con un conjunto de datos simulado sobre ventas de una empresa, donde queremos calcular la tasa de crecimiento mensual de las ventas por producto.

Supongamos que tenemos un DataFrame con información mensual de ventas por producto a lo largo de varios años.

```python
import pandas as pd

# Supongamos que tenemos un DataFrame con información de
ventas mensuales por producto
data = {
 'Producto': ['A', 'B', 'A', 'B', 'A', 'B'],
 'Fecha': ['2022-01-01', '2022-01-01', '2022-02-01',
'2022-02-01', '2022-03-01', '2022-03-01'],
 'Ventas': [100, 120, 110, 130, 105, 125]
}

df_ventas = pd.DataFrame(data)
df_ventas['Fecha'] = pd.to_datetime(df_ventas['Fecha'])

# Calcular la tasa de crecimiento mensual de ventas por
producto
df_ventas['Mes'] = df_ventas['Fecha'].dt.to_period('M')
df_ventas = df_ventas.sort_values(['Producto', 'Fecha'])
df_ventas['Crecimiento'] =
df_ventas.groupby('Producto')['Ventas'].pct_change()

print("Tasa de crecimiento mensual de ventas por producto:")
print(df_ventas)
```

En este ejemplo, calculamos la tasa de crecimiento mensual de ventas por producto. Primero, convertimos la fecha a un formato de mes, luego ordenamos los datos por producto y fecha. Posteriormente, utilizamos el método `pct_change()` de Pandas para calcular la tasa de cambio mensual en las ventas de cada producto en relación con el mes anterior. Esta operación nos proporciona información sobre cómo las ventas de cada producto han variado mes a mes.

Resultado:

```
Tasa de crecimiento mensual de ventas por producto:
  Producto      Fecha  Ventas      Mes  Crecimiento
0        A 2022-01-01     100  2022-01          NaN
2        A 2022-02-01     110  2022-02     0.100000
4        A 2022-03-01     105  2022-03    -0.045455
1        B 2022-01-01     120  2022-01          NaN
3        B 2022-02-01     130  2022-02     0.083333
5        B 2022-03-01     125  2022-03    -0.038462
```

Ejercicio 56. Cálculo de Correlación.

Trabajemos con un escenario donde necesitamos realizar una tarea común en análisis de datos: calcular la correlación entre diferentes variables en un conjunto de datos.

Supongamos que tenemos un DataFrame con información sobre el rendimiento de diferentes métricas de ventas y marketing a lo largo del tiempo.

```python
import pandas as pd
import numpy as np

# Supongamos que tenemos un DataFrame con métricas de ventas y
marketing
np.random.seed(42)
data = {
 'Fecha': pd.date_range(start='2022-01-01', periods=100),
 'Ventas': np.random.randint(100, 1000, 100),
 'Publicidad': np.random.randint(50, 500, 100),
 'Campañas': np.random.randint(1, 10, 100),
 'Clientes_nuevos': np.random.randint(5, 50, 100)
}

df_metricas = pd.DataFrame(data)

# Calcular la correlación entre las métricas de ventas y
marketing
correlacion = df_metricas[['Ventas', 'Publicidad', 'Campañas',
'Clientes_nuevos']].corr()

print("Correlación entre métricas de ventas y marketing:")
print(correlacion)
```

En este ejemplo, generamos un DataFrame con métricas simuladas de ventas y marketing a lo largo de un período de tiempo. Luego, calculamos la correlación entre estas métricas usando el método `corr()` de Pandas. Esto nos permite comprender cómo están relacionadas estas variables entre sí, si existe alguna relación fuerte o débil entre las métricas de ventas y marketing.

Resultado:

```
Correlación entre métricas de ventas y marketing:
                 Ventas  Publicidad  Campañas  Clientes_nuevos
Ventas         1.000000   -0.008065 -0.045236         0.087767
Publicidad    -0.008065    1.000000  0.043983         0.012057
Campañas      -0.045236    0.043983  1.000000        -0.043156
Clientes_nuevos 0.087767    0.012057 -0.043156         1.000000
```

Ejercicio 57. Análisis de Agrupación de datos.

En este caso realizaremos un análisis de agrupación de datos. Supongamos que tenemos información de ventas de una empresa y queremos calcular la cantidad total de ventas por categoría de producto y mes.

```python
import pandas as pd
import numpy as np

# Supongamos que tenemos un DataFrame con datos de ventas por
producto y fecha
np.random.seed(42)
data = {
 'Fecha': pd.date_range(start='2022-01-01', periods=100),
 'Producto': np.random.choice(['A', 'B', 'C'], 100),
 'Cantidad': np.random.randint(10, 100, 100)
}

df_ventas = pd.DataFrame(data)

# Calcular la cantidad total de ventas por categoría de
producto y mes
df_ventas['Mes'] = df_ventas['Fecha'].dt.to_period('M')
ventas_por_categoria_mes = df_ventas.groupby(['Producto',
'Mes'])['Cantidad'].sum()

print("Cantidad total de ventas por categoría de producto y
mes:")
print(ventas_por_categoria_mes)
```

En este ejemplo, creamos un DataFrame simulado con información de ventas por producto y fecha. Luego, agregamos los datos por mes y categoría de producto utilizando `groupby()` en Pandas. Esto nos permite calcular la cantidad total de ventas para cada categoría de producto en cada mes, lo que proporciona una visión detallada del rendimiento de ventas en diferentes categorías a lo largo del tiempo.

Resultado:

```
Cantidad total de ventas por categoría de producto y mes:
Producto  Mes
A         2022-01      622
          2022-02      471
          2022-03      347
          2022-04      428
B         2022-01      408
          2022-02      444
          2022-03     1037
C         2022-01      533
          2022-02      543
          2022-03      398
          2022-04       86
Name: Cantidad, dtype: int32
```

Manipulación de Datos.

Ejercicio 58. Manipulación de Datos, Gráfico y Concatenación.

Podemos trabajar en un ejercicio que integre múltiples puntos como manipulación de datos, graficación y concatenación de DataFrames. Supongamos que tenemos dos conjuntos de datos: uno contiene información de ventas mensuales por producto y el otro contiene información de gastos mensuales por departamento. Vamos a realizar algunas operaciones sobre estos datos, calcular métricas y graficar resultados.

```python
import pandas as pd
import numpy as np
import matplotlib.pyplot as plt

# Datos de ventas mensuales por producto
data_ventas = {
 'Mes': pd.date_range(start='2022-01-01', periods=12,
freq='M'),
 'Producto_A': np.random.randint(1000, 5000, 12),
 'Producto_B': np.random.randint(800, 3000, 12)
}

df_ventas = pd.DataFrame(data_ventas)

# Datos de gastos mensuales por departamento
data_gastos = {
 'Mes': pd.date_range(start='2022-01-01', periods=12,
freq='M'),
 'Ventas': np.random.randint(300, 1000, 12),
 'Marketing': np.random.randint(200, 800, 12),
 'TI': np.random.randint(150, 600, 12)
}

df_gastos = pd.DataFrame(data_gastos)
```

```
# Calcular la rentabilidad mensual (ventas - gastos) por
producto y departamento
df_rentabilidad = df_ventas.copy()
df_rentabilidad[['Gastos_Ventas', 'Gastos_Marketing',
'Gastos_TI']] = df_gastos[['Ventas', 'Marketing', 'TI']]
df_rentabilidad['Rentabilidad_A'] =
df_rentabilidad['Producto_A'] -
df_rentabilidad['Gastos_Ventas']
df_rentabilidad['Rentabilidad_B'] =
df_rentabilidad['Producto_B'] -
(df_rentabilidad['Gastos_Marketing'] +
df_rentabilidad['Gastos_TI'])

# Graficar la rentabilidad mensual de los productos A y B
plt.figure(figsize=(10, 6))
plt.plot(df_rentabilidad['Mes'],
df_rentabilidad['Rentabilidad_A'], label='Producto A')
plt.plot(df_rentabilidad['Mes'],
df_rentabilidad['Rentabilidad_B'], label='Producto B')
plt.title('Rentabilidad Mensual de Productos A y B')
plt.xlabel('Mes')
plt.ylabel('Rentabilidad')
plt.legend()
plt.grid(True)
plt.show()

# Concatenar los DataFrames de ventas y gastos por mes
df_concatenado = pd.concat([df_ventas,
df_gastos.drop(columns='Mes')], axis=1)
print("DataFrame Concatenado:")
print(df_concatenado)
```

En este ejercicio, generamos datos simulados de ventas mensuales por producto y gastos mensuales por departamento. Luego, calculamos la rentabilidad mensual para los productos A y B en función de los gastos. Graficamos la rentabilidad mensual de ambos productos y finalmente concatenamos los DataFrames de ventas y gastos por mes para tener una visión general de los datos.

Resultado:

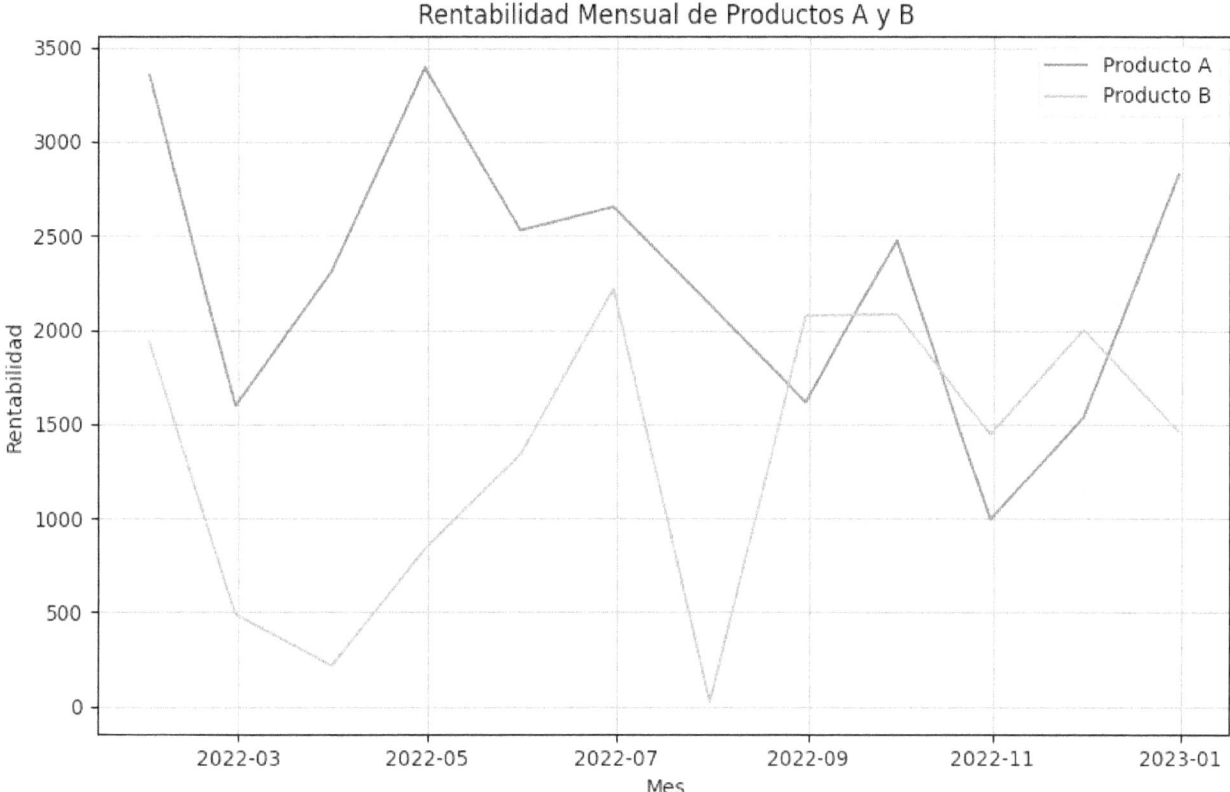

Ejercicio 59. Manipulación de Datos,Gráficos y Agregación.

Esta vez, trabajemos con un escenario que involucre la manipulación de datos, la creación de gráficos y la agregación de información. Supongamos que tenemos datos de ventas trimestrales de diferentes sucursales y queremos analizar las ventas totales por sucursal, así como visualizar esta información en un gráfico.

```python
import pandas as pd
import numpy as np
import matplotlib.pyplot as plt

# Datos de ventas trimestrales por sucursal
data_ventas = {
  'Sucursal': ['A', 'B', 'C', 'A', 'B', 'C'],
  'Trimestre': ['2022Q1', '2022Q1', '2022Q1', '2022Q2',
'2022Q2', '2022Q2'],
  'Ventas': np.random.randint(100000, 500000, 6)
}

df_ventas = pd.DataFrame(data_ventas)

# Calcular las ventas totales por sucursal
ventas_totales = df_ventas.groupby('Sucursal')['Ventas'].sum()

# Graficar las ventas totales por sucursal
plt.figure(figsize=(8, 5))
ventas_totales.plot(kind='bar', color='skyblue')
plt.title('Ventas Totales por Sucursal')
plt.xlabel('Sucursal')
plt.ylabel('Ventas Totales')
plt.xticks(rotation=0)
plt.grid(axis='y')
plt.show()

# Crear un resumen de ventas por trimestre y sucursal
resumen_ventas = df_ventas.pivot_table(index='Trimestre',
columns='Sucursal', values='Ventas', aggfunc='sum')
print("Resumen de Ventas por Trimestre y Sucursal:")
print(resumen_ventas)
```

En este ejercicio, creamos un DataFrame simulado con datos de ventas trimestrales por sucursal. Luego, calculamos las ventas totales por sucursal y creamos un gráfico de barras que muestra las ventas totales de cada sucursal. Además, creamos un resumen de ventas por trimestre y sucursal usando `pivot_table()` para tener una visión general de las ventas por trimestre y sucursal.

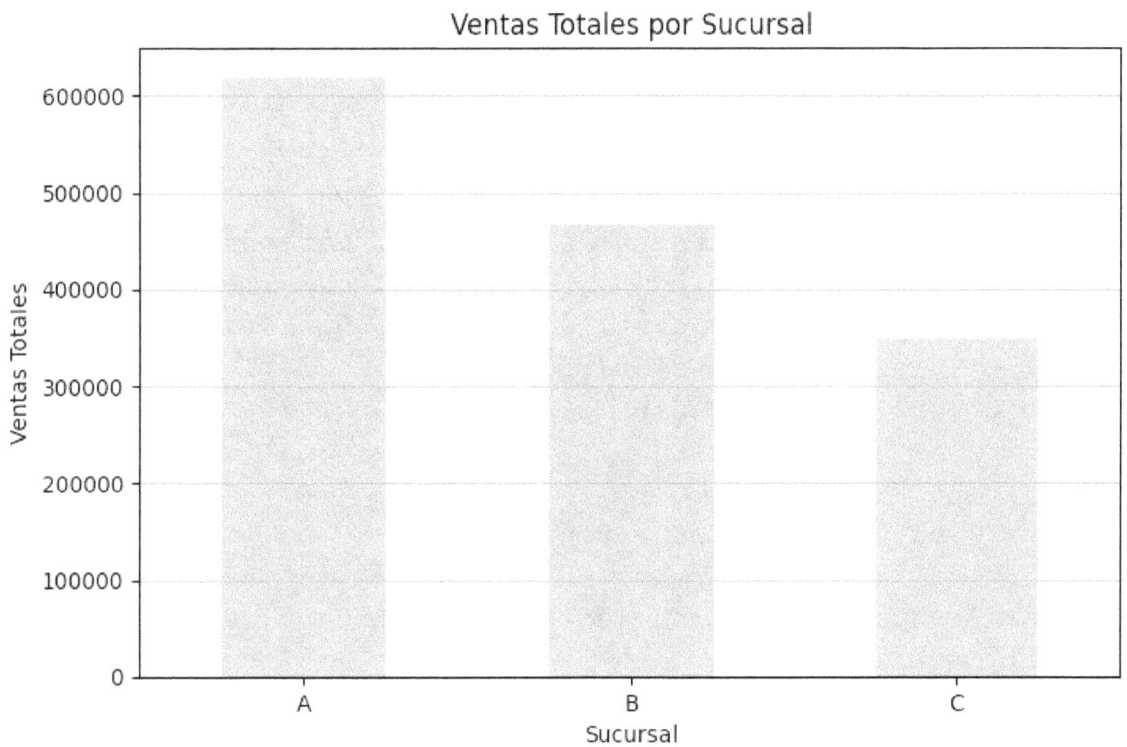

Ventas Totales por Sucursal

Ejercicio 60.Filtrado de Datos (Estadísticos)

Ahora, exploremos un escenario que incluya filtrado de datos, cálculos estadísticos y visualización. Supongamos que tenemos datos de ventas mensuales por región y queremos analizar la evolución de las ventas trimestrales para una región específica.

```python
import pandas as pd
import numpy as np
import matplotlib.pyplot as plt

# Datos de ventas mensuales por región
np.random.seed(42)
data_ventas = {
 'Fecha': pd.date_range(start='2022-01-01', periods=24,
freq='M'),
 'Region_A': np.random.randint(100000, 500000, 24),
 'Region_B': np.random.randint(80000, 300000, 24),
 'Region_C': np.random.randint(120000, 400000, 24)
}

df_ventas = pd.DataFrame(data_ventas)

# Filtrar los datos para una región específica y calcular
ventas trimestrales
region_seleccionada = 'Region_B'
ventas_region_seleccionada = df_ventas[['Fecha',
region_seleccionada]].copy()
ventas_region_seleccionada.set_index('Fecha', inplace=True)
ventas_trimestrales =
ventas_region_seleccionada.resample('Q').sum()

# Graficar la evolución de ventas trimestrales para la región
seleccionada
plt.figure(figsize=(10, 6))
plt.plot(ventas_trimestrales.index,
ventas_trimestrales[region_seleccionada], marker='o',
linestyle='-')
plt.title(f'Evolución de Ventas Trimestrales en
{region_seleccionada}')
plt.xlabel('Trimestre')
```

```
plt.ylabel('Ventas')
plt.grid(True)
plt.show()

print(f"Ventas Trimestrales en {region_seleccionada}:")
print(ventas_trimestrales)
```

En este ejemplo, creamos un DataFrame simulado con datos de ventas mensuales
por región. Luego, seleccionamos una región específica y calculamos las ventas
trimestrales para esa región. Graficamos la evolución de las ventas trimestrales a lo
largo del tiempo para la región seleccionada y mostramos las ventas trimestrales en
esa región. Esto nos permite analizar cómo han variado las ventas trimestrales en la
región específica a lo largo del tiempo.

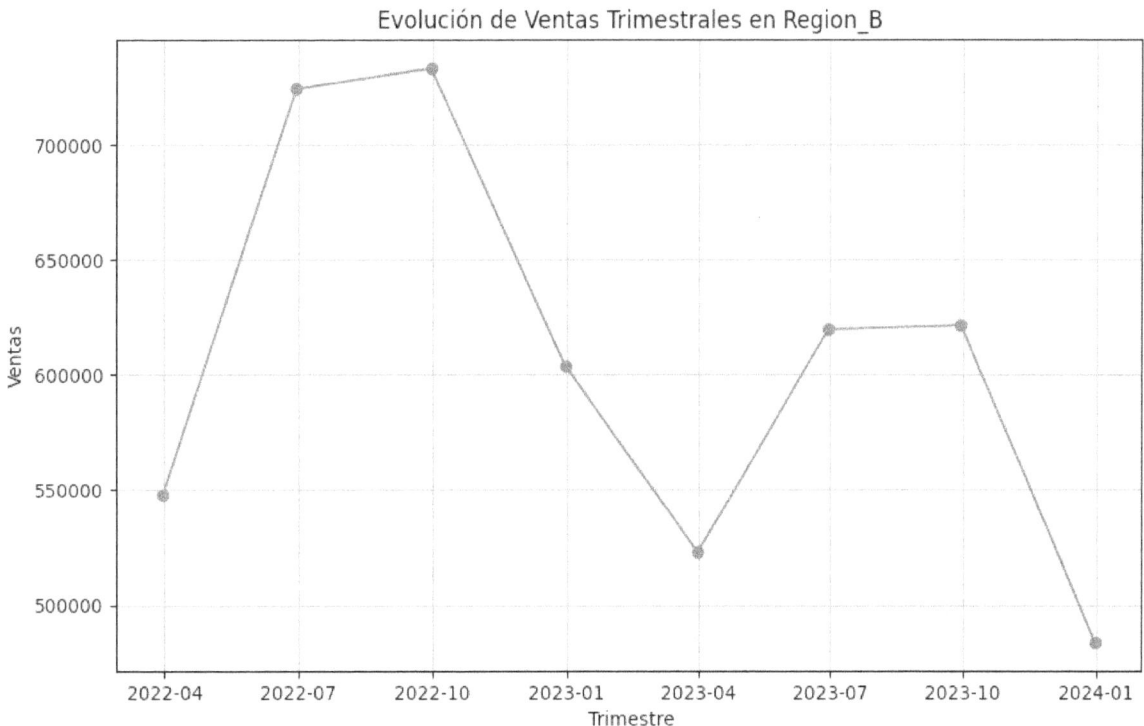

Ejercicio 61. Limpieza de Datos y Visualización.

Esta vez, trabajemos con un escenario que incluya limpieza de datos, manipulación de información y generación de visualizaciones. Supongamos que tenemos datos de ventas mensuales por producto y queremos comparar la evolución de ventas entre dos productos a lo largo de un año, además de identificar el mes con mayores ventas para cada producto.

```python
import pandas as pd
import numpy as np
import matplotlib.pyplot as plt

# Datos de ventas mensuales por producto
np.random.seed(42)
data_ventas = {
  'Mes': pd.date_range(start='2022-01-01', periods=12,
freq='M'),
  'Producto_A': np.random.randint(1000, 5000, 12),
  'Producto_B': np.random.randint(800, 3000, 12)
}

df_ventas = pd.DataFrame(data_ventas)

# Limpieza de datos para reemplazar valores atípicos
df_ventas[df_ventas < 0] = np.nan
df_ventas.fillna(method='ffill', inplace=True)

# Identificar el mes con mayores ventas para cada producto
mes_max_ventas_A =
df_ventas.loc[df_ventas['Producto_A'].idxmax(), 'Mes']
mes_max_ventas_B =
df_ventas.loc[df_ventas['Producto_B'].idxmax(), 'Mes']

# Graficar la evolución de ventas mensuales para Producto A y
Producto B
plt.figure(figsize=(10, 6))
plt.plot(df_ventas['Mes'], df_ventas['Producto_A'],
label='Producto A')
```

```python
plt.plot(df_ventas['Mes'], df_ventas['Producto_B'],
label='Producto B')
plt.scatter(mes_max_ventas_A, df_ventas['Producto_A'].max(),
color='red', label=f'Max A
({mes_max_ventas_A.strftime("%b")})')
plt.scatter(mes_max_ventas_B, df_ventas['Producto_B'].max(),
color='green', label=f'Max B
({mes_max_ventas_B.strftime("%b")})')
plt.title('Evolución de Ventas Mensuales por Producto')
plt.xlabel('Mes')
plt.ylabel('Ventas')
plt.legend()
plt.grid(True)
plt.show()

print(f"Mes con mayores ventas para Producto A:
{mes_max_ventas_A.strftime('%B')}")
print(f"Mes con mayores ventas para Producto B:
{mes_max_ventas_B.strftime('%B')}")
```

En este ejercicio, generamos un DataFrame simulado con datos de ventas
mensuales por producto. Luego, realizamos una limpieza de datos para reemplazar
valores atípicos y encontrar el mes con mayores ventas para cada producto.
Finalmente, creamos un gráfico que muestra la evolución de las ventas mensuales
de los productos A y B a lo largo de un año, resaltando los meses con las ventas
más altas para cada producto. Esto nos permite visualizar la comparación entre las
ventas de ambos productos y identificar los meses más exitosos en términos de
ventas para cada uno.

Ejercicio 62. Cálculos estadísticos.

Aquí tienes otro escenario que incluye manipulación de datos, cálculos estadísticos y visualización de resultados. Supongamos que tenemos datos de ventas mensuales por categoría de productos y queremos analizar la tendencia de ventas de un producto específico a lo largo de los meses, además de calcular la media móvil de 3 meses para suavizar la serie temporal.

```python
import pandas as pd
import numpy as np
import matplotlib.pyplot as plt

# Datos de ventas mensuales por categoría de productos
np.random.seed(42)
data_ventas = {
 'Mes': pd.date_range(start='2022-01-01', periods=24,
freq='M'),
 'Electrónicos': np.random.randint(10000, 50000, 24),
 'Ropa': np.random.randint(5000, 30000, 24),
 'Hogar': np.random.randint(8000, 35000, 24)
}

df_ventas = pd.DataFrame(data_ventas)

# Seleccionar un producto específico para analizar (por
ejemplo, 'Electrónicos')
producto_seleccionado = 'Electrónicos'

# Calcular la media móvil de 3 meses para suavizar la serie
temporal
df_ventas['Media_Movil'] =
df_ventas[producto_seleccionado].rolling(window=3).mean()

# Graficar la tendencia de ventas mensuales y la media móvil
de 3 meses del producto seleccionado
plt.figure(figsize=(10, 6))
plt.plot(df_ventas['Mes'], df_ventas[producto_seleccionado],
label='Ventas Mensuales')
```

```python
plt.plot(df_ventas['Mes'], df_ventas['Media_Movil'],
label='Media Móvil (3 meses)', linestyle='--')
plt.title(f'Tendencia de Ventas de {producto_seleccionado} a
lo largo de los Meses')
plt.xlabel('Mes')
plt.ylabel('Ventas')
plt.legend()
plt.grid(True)
plt.show()

# Calcular estadísticas de ventas para el producto
seleccionado
estadisticas_ventas =
df_ventas[producto_seleccionado].describe()

print(f"Estadísticas de Ventas para {producto_seleccionado}:")
print(estadisticas_ventas)
```

En este ejemplo, generamos un DataFrame simulado con datos de ventas mensuales por categoría de productos. Seleccionamos un producto específico ('Electrónicos') para analizar su tendencia de ventas a lo largo de los meses. Calculamos la media móvil de 3 meses para suavizar la serie temporal y graficamos tanto las ventas mensuales como la media móvil. También mostramos las estadísticas descriptivas de ventas para el producto seleccionado, incluyendo información como la media, la desviación estándar y otros valores relevantes. Esto nos permite visualizar la tendencia de ventas y obtener información estadística sobre el producto seleccionado.

Resultado:

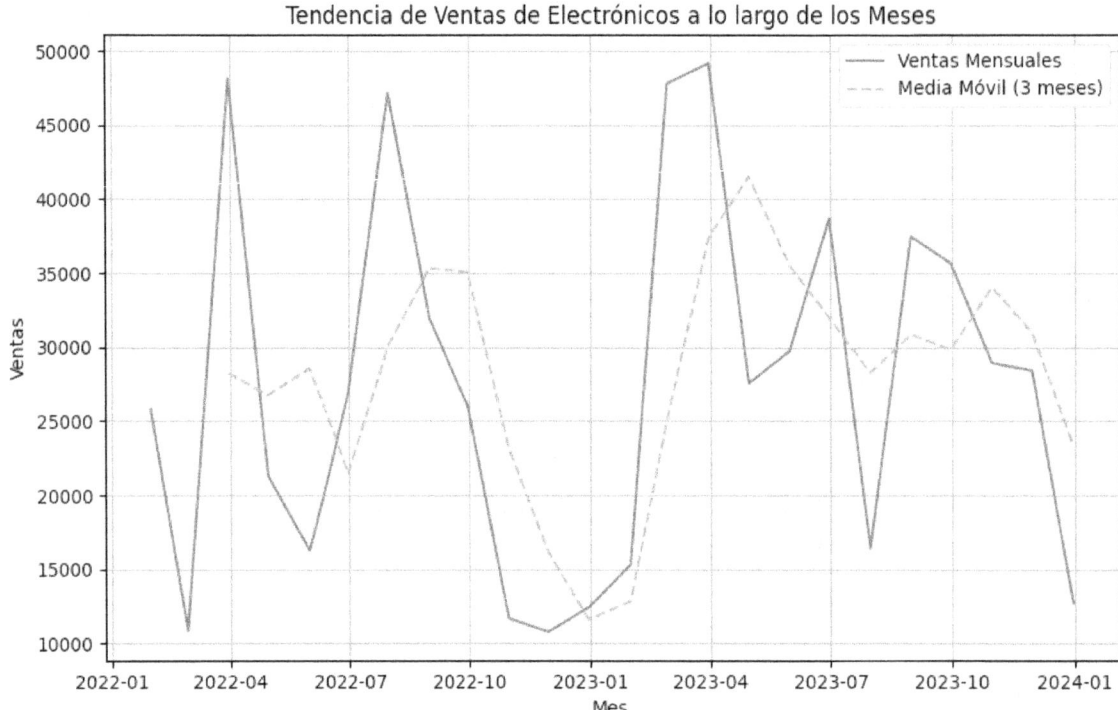

Ejercicio 63. Manipulación de Datos.

Aquí tienes otro escenario que involucra la manipulación de datos, el cálculo de estadísticas y la visualización. Supongamos que tenemos datos de ventas mensuales por producto y queremos comparar la evolución de las ventas entre dos productos, además de analizar la variación porcentual entre ellos en cada mes.

```python
import pandas as pd
import numpy as np
import matplotlib.pyplot as plt

# Datos de ventas mensuales por producto
np.random.seed(42)
data_ventas = {
 'Mes': pd.date_range(start='2022-01-01', periods=24,
freq='M'),
 'Producto_A': np.random.randint(1000, 5000, 24),
 'Producto_B': np.random.randint(800, 3000, 24)
}

df_ventas = pd.DataFrame(data_ventas)

# Calcular la variación porcentual mensual entre Producto A y
Producto B
df_ventas['Variacion_Porcentual'] = ((df_ventas['Producto_B']
- df_ventas['Producto_A']) / df_ventas['Producto_A']) * 100

# Graficar la evolución de ventas mensuales de Producto A y
Producto B
plt.figure(figsize=(10, 6))
plt.plot(df_ventas['Mes'], df_ventas['Producto_A'],
label='Producto A')
plt.plot(df_ventas['Mes'], df_ventas['Producto_B'],
label='Producto B')
plt.title('Evolución de Ventas Mensuales por Producto')
plt.xlabel('Mes')
plt.ylabel('Ventas')
plt.legend()
plt.grid(True)
plt.show()
```

```
# Mostrar la variación porcentual mensual entre Producto A y
Producto B
print("Variación Porcentual Mensual entre Producto A y
Producto B:")
print(df_ventas[['Mes', 'Variacion_Porcentual']])
```

En este ejemplo, creamos un DataFrame simulado con datos de ventas mensuales por producto. Calculamos la variación porcentual mensual entre las ventas de Producto A y Producto B. Luego, graficamos la evolución de las ventas mensuales para ambos productos y mostramos la variación porcentual entre ellos en cada mes. Esto nos permite comparar visualmente las ventas mensuales de los dos productos y analizar la variación porcentual entre ellos a lo largo del tiempo.

Resultado:

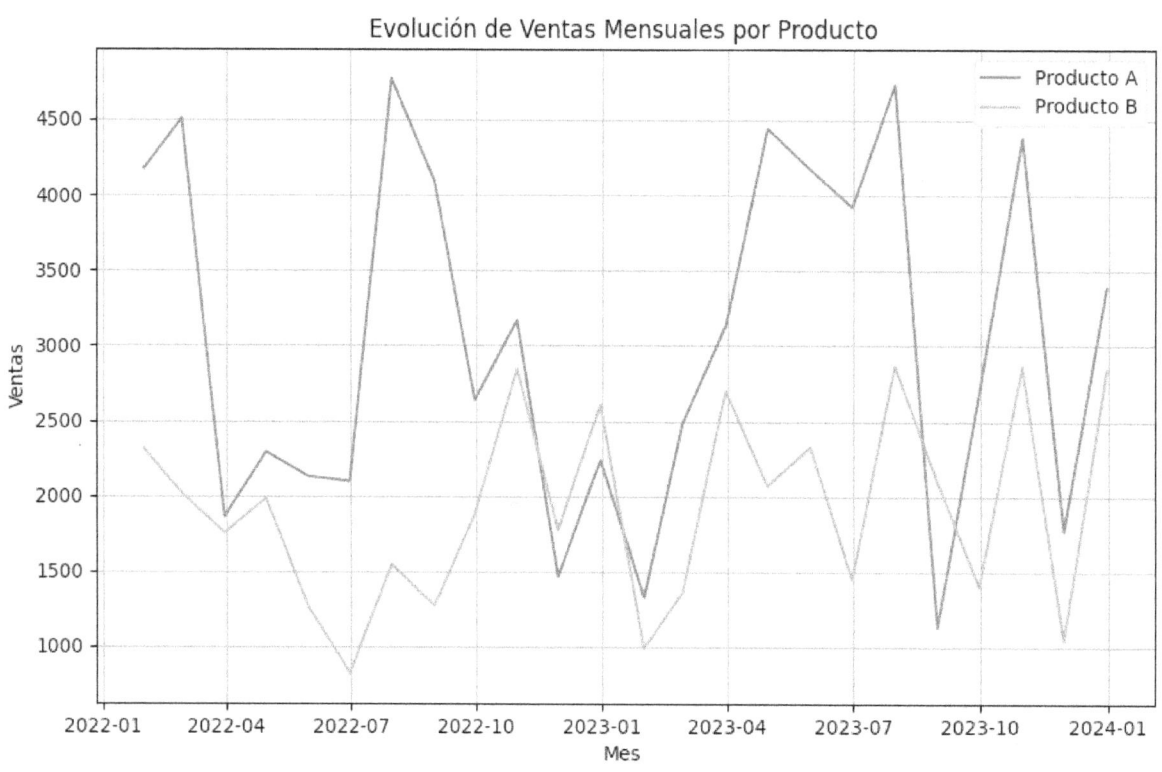

Ejercicio 64. Análisis de Ventas Totales.

Aquí tienes otro escenario que combina la manipulación de datos, la agregación y la visualización. Supongamos que tenemos datos de ventas mensuales por región y queremos analizar las ventas totales por trimestre para cada región, además de mostrar esta información en un gráfico.

```python
import pandas as pd
import numpy as np
import matplotlib.pyplot as plt

# Datos de ventas mensuales por región
np.random.seed(42)
data_ventas = {
 'Fecha': pd.date_range(start='2022-01-01', periods=24,
freq='M'),
 'Region_A': np.random.randint(100000, 500000, 24),
 'Region_B': np.random.randint(80000, 300000, 24),
 'Region_C': np.random.randint(120000, 400000, 24)
}

df_ventas = pd.DataFrame(data_ventas)

# Calcular las ventas totales por trimestre para cada región
df_ventas['Trimestre'] = df_ventas['Fecha'].dt.to_period('Q')
ventas_totales_trimestrales =
df_ventas.groupby('Trimestre').sum()

# Graficar las ventas totales por trimestre para cada región
plt.figure(figsize=(10, 6))
for col in ventas_totales_trimestrales.columns:
 plt.plot(ventas_totales_trimestrales.index,
ventas_totales_trimestrales[col], label=col)
plt.title('Ventas Totales por Trimestre y Región')
plt.xlabel('Trimestre')
plt.ylabel('Ventas Totales')
plt.legend()
plt.grid(True)
plt.show()
```

```
print("Ventas Totales por Trimestre y Región:")
print(ventas_totales_trimestrales)
```

En este ejemplo, generamos un DataFrame simulado con datos de ventas mensuales por región. Luego, calculamos las ventas totales por trimestre para cada región utilizando la agrupación por trimestre y la suma de las ventas. Posteriormente, creamos un gráfico que muestra las ventas totales por trimestre para cada región, lo que nos permite visualizar la evolución de las ventas a lo largo de los trimestres en diferentes regiones.

Ejercicio 65. Evolución de Ventas.

Aquí tienes otro escenario que implica manipulación de datos, cálculos y visualización. Supongamos que tenemos datos de ventas mensuales por producto y queremos comparar la evolución de las ventas entre dos productos específicos, además de calcular el crecimiento porcentual anual de cada producto.

```python
import pandas as pd
import numpy as np
import matplotlib.pyplot as plt

# Datos de ventas mensuales por producto
np.random.seed(42)
data_ventas = {
 'Mes': pd.date_range(start='2022-01-01', periods=36,
freq='M'),
 'Producto_A': np.random.randint(1000, 5000, 36),
 'Producto_B': np.random.randint(800, 3000, 36)
}

df_ventas = pd.DataFrame(data_ventas)

# Seleccionar los dos productos a comparar
producto_1 = 'Producto_A'
producto_2 = 'Producto_B'

# Graficar la evolución de las ventas mensuales para los dos
productos
plt.figure(figsize=(10, 6))
plt.plot(df_ventas['Mes'], df_ventas[producto_1],
label=producto_1)
plt.plot(df_ventas['Mes'], df_ventas[producto_2],
label=producto_2)
plt.title('Evolución de Ventas Mensuales por Producto')
plt.xlabel('Mes')
plt.ylabel('Ventas')
plt.legend()
plt.grid(True)
plt.show()
```

```
# Calcular el crecimiento porcentual anual de cada producto
ventas_anuales = df_ventas.resample('Y', on='Mes').sum()
crecimiento_porcentual = ((ventas_anuales.iloc[-1] /
ventas_anuales.iloc[0]) - 1) * 100

print("Crecimiento Porcentual Anual de Ventas:")
print(crecimiento_porcentual)
```

En este ejemplo, generamos un DataFrame simulado con datos de ventas mensuales por producto. Graficamos la evolución de las ventas mensuales para dos productos específicos a lo largo del tiempo. Luego, calculamos el crecimiento porcentual anual de las ventas para cada producto, permitiéndonos comparar cómo han variado las ventas de cada producto desde el inicio hasta el final del periodo simulado.

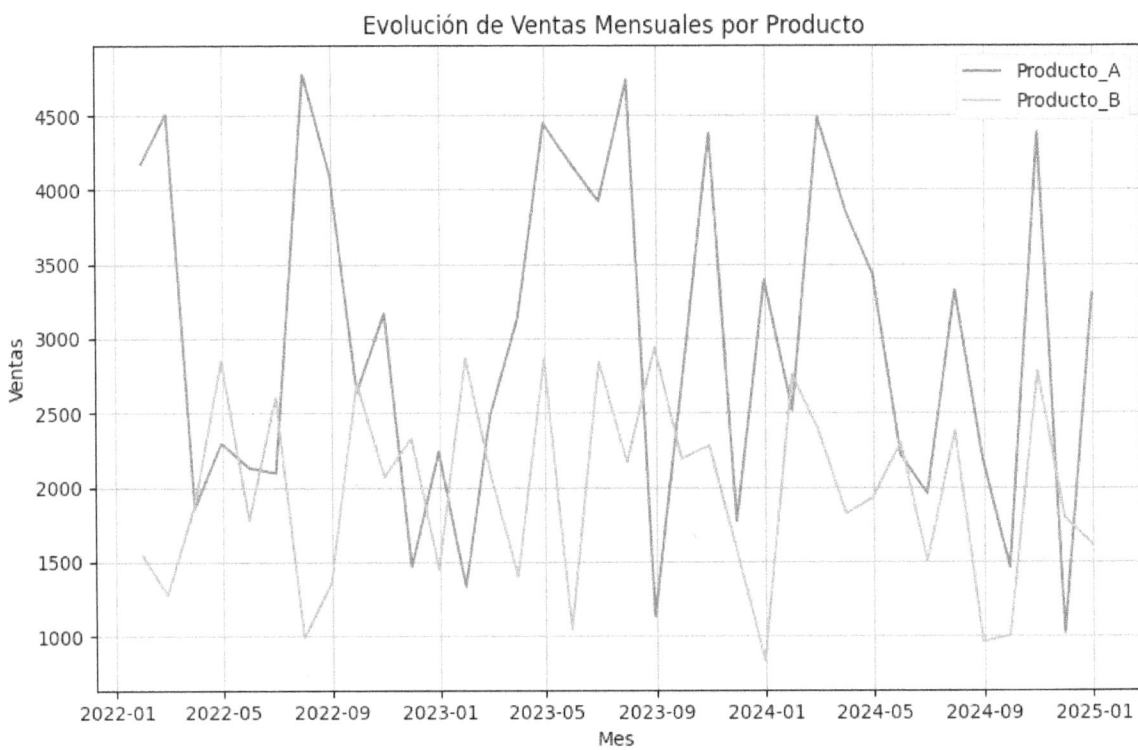

Ejercicio 66. Tendencia de Ventas.

Aquí tienes otro escenario que involucra manipulación de datos, cálculos estadísticos y visualización. Supongamos que tenemos datos de ventas mensuales por categoría de productos y queremos analizar la tendencia de ventas de dos categorías específicas a lo largo del tiempo, además de calcular la correlación entre ellas.

```python
import pandas as pd
import numpy as np
import matplotlib.pyplot as plt

# Datos de ventas mensuales por categoría de productos
np.random.seed(42)
data_ventas = {
  'Mes': pd.date_range(start='2022-01-01', periods=36,
freq='M'),
  'Electrónicos': np.random.randint(10000, 50000, 36),
  'Ropa': np.random.randint(5000, 30000, 36),
  'Hogar': np.random.randint(8000, 35000, 36)
}

df_ventas = pd.DataFrame(data_ventas)

# Seleccionar dos categorías para analizar
categoria_1 = 'Electrónicos'
categoria_2 = 'Ropa'

# Graficar la tendencia de ventas mensuales para las dos
categorías
plt.figure(figsize=(10, 6))
plt.plot(df_ventas['Mes'], df_ventas[categoria_1],
label=categoria_1)
plt.plot(df_ventas['Mes'], df_ventas[categoria_2],
label=categoria_2)
plt.title('Tendencia de Ventas Mensuales por Categoría de
Productos')
plt.xlabel('Mes')
plt.ylabel('Ventas')
plt.legend()
```

```
plt.grid(True)
plt.show()

# Calcular la correlación entre las dos categorías
correlacion_categorias = df_ventas[[categoria_1,
categoria_2]].corr().iloc[0, 1]

print("Correlación entre las Categorías de Productos:")
print(f"Correlación entre {categoria_1} y {categoria_2}:
{correlacion_categorias}")
```

En este ejemplo, creamos un DataFrame simulado con datos de ventas mensuales por categoría de productos. Graficamos la tendencia de ventas mensuales para dos categorías específicas a lo largo del tiempo, permitiéndonos comparar cómo han evolucionado las ventas de cada categoría. Además, calculamos la correlación entre las dos categorías seleccionadas, lo que nos brinda información sobre la relación entre sus tendencias de ventas a lo largo del tiempo.

Resultado:

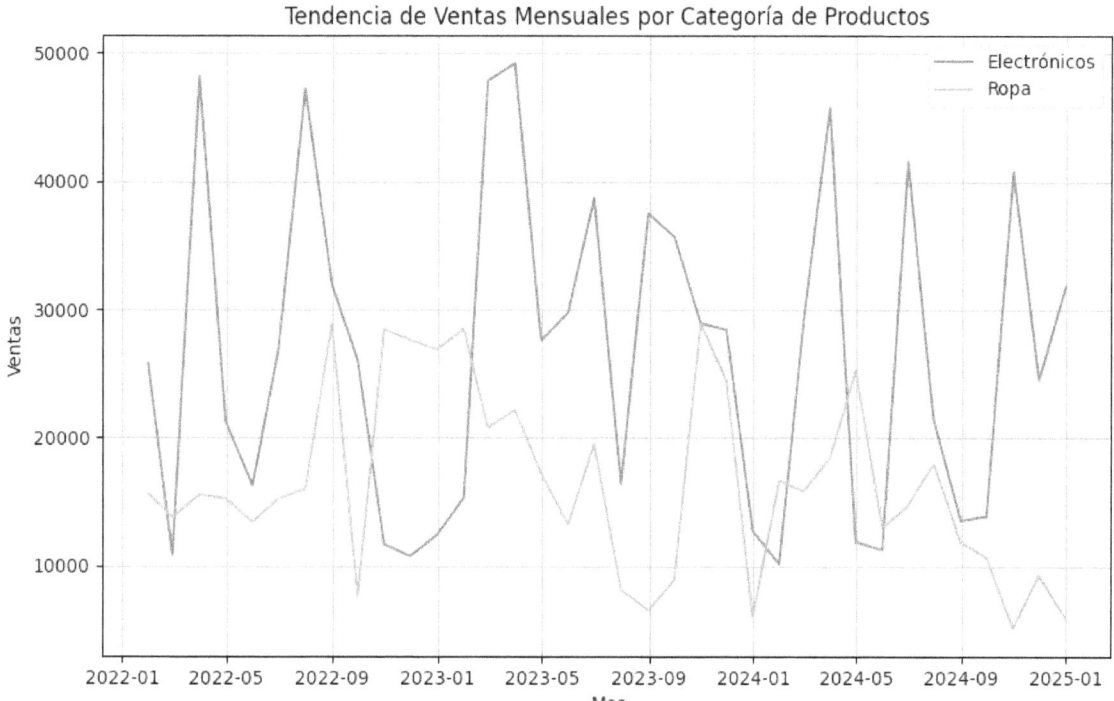

Ejercicio 67. Creación de un Dashboard.

Aunque Pandas es principalmente una herramienta para manipulación y análisis de datos, puedes combinarla con otras bibliotecas como Matplotlib, Seaborn y Plotly para crear gráficos interactivos y construir un dashboard básico.

Para crear un sencillo dashboard que muestre gráficos de ventas mensuales por categoría de producto, podríamos hacer lo siguiente:

```python
import pandas as pd
import numpy as np
import matplotlib.pyplot as plt

# Datos de ventas mensuales por categoría de productos
np.random.seed(42)
data_ventas = {
 'Mes': pd.date_range(start='2022-01-01', periods=24,
freq='M'),
 'Electrónicos': np.random.randint(10000, 50000, 24),
 'Ropa': np.random.randint(5000, 30000, 24),
 'Hogar': np.random.randint(8000, 35000, 24)
}

df_ventas = pd.DataFrame(data_ventas)

# Graficar las ventas mensuales por categoría de productos
plt.figure(figsize=(12, 6))

plt.subplot(2, 2, 1)
plt.plot(df_ventas['Mes'], df_ventas['Electrónicos'])
plt.title('Ventas de Electrónicos')
plt.xlabel('Mes')
plt.ylabel('Ventas')

plt.subplot(2, 2, 2)
plt.plot(df_ventas['Mes'], df_ventas['Ropa'])
plt.title('Ventas de Ropa')
```

```
plt.xlabel('Mes')
plt.ylabel('Ventas')

plt.subplot(2, 2, 3)
plt.plot(df_ventas['Mes'], df_ventas['Hogar'])
plt.title('Ventas de Hogar')
plt.xlabel('Mes')
plt.ylabel('Ventas')

plt.tight_layout()
plt.show()
```

Este ejemplo utiliza Matplotlib para mostrar tres gráficos separados en un diseño de cuadrícula. Cada gráfico representa las ventas mensuales de una categoría de producto diferente. Un dashboard más complejo podría involucrar el uso de bibliotecas de visualización interactiva como Plotly o Dash para crear elementos interactivos y más dinámicos en un entorno web.

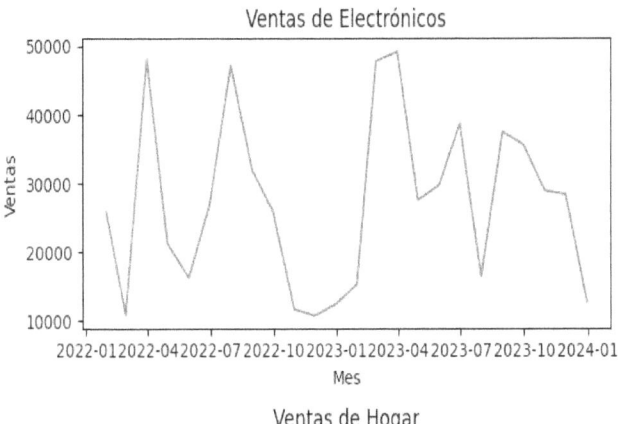

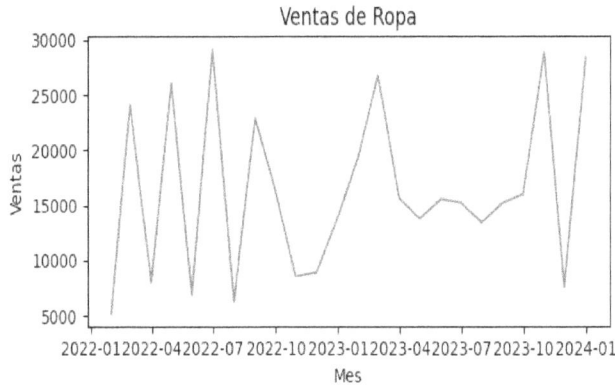

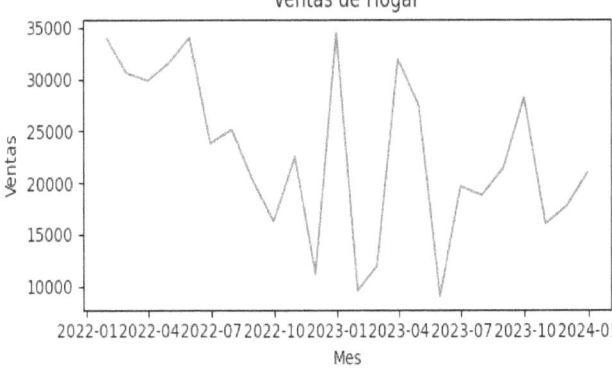

Ejercicio 68. Creación de un Dashboard Interactivo

Aquí hay un ejemplo utilizando Plotly para generar un dashboard sencillo con gráficos interactivos de ventas mensuales por categoría de producto.

Para ejecutar este código, necesitarás tener instalada la biblioteca Plotly. Puedes instalarla utilizando el siguiente comando: `pip install plotly`.

```python
import pandas as pd
import numpy as np
import plotly.express as px

# Datos de ventas mensuales por categoría de productos
np.random.seed(42)
data_ventas = {
 'Mes': pd.date_range(start='2022-01-01', periods=24,
freq='M'),
 'Electrónicos': np.random.randint(10000, 50000, 24),
 'Ropa': np.random.randint(5000, 30000, 24),
 'Hogar': np.random.randint(8000, 35000, 24)
}

df_ventas = pd.DataFrame(data_ventas)

# Crear un gráfico interactivo con Plotly
fig = px.line(df_ventas, x='Mes', y=df_ventas.columns[1:],
title='Ventas Mensuales por Categoría de Producto')
fig.update_xaxes(title_text='Mes')
fig.update_yaxes(title_text='Ventas')
fig.show()
```

Este código utiliza Plotly Express para generar un gráfico de líneas interactivo. Al pasar el DataFrame y especificar las columnas para los ejes x (Mes) y y (categorías de productos), crea un gráfico interactivo que permite al usuario explorar las ventas mensuales de cada categoría de producto a lo largo del tiempo. Esta es solo una introducción básica a la creación de dashboards con Plotly; puedes agregar más características interactivas y personalización según tus necesidades específicas.

Ejercicio 69. Dashboard utilizando Dash.

Aquí tienes un ejemplo utilizando la biblioteca Dash, que es ideal para crear dashboards interactivos más complejos. En este caso, vamos a construir un dashboard con múltiples gráficos que muestran las ventas mensuales por categoría de producto, permitiendo al usuario seleccionar qué categorías de productos mostrar.

Para ejecutar este código, necesitarás tener instalada la biblioteca Dash. Puedes instalarla utilizando el siguiente comando: `pip install dash`.

```python
import pandas as pd
import numpy as np
import dash
from dash import dcc, html
import plotly.express as px

# Datos de ventas mensuales por categoría de productos
np.random.seed(42)
data_ventas = {
 'Mes': pd.date_range(start='2022-01-01', periods=24,
freq='M'),
 'Electrónicos': np.random.randint(10000, 50000, 24),
 'Ropa': np.random.randint(5000, 30000, 24),
 'Hogar': np.random.randint(8000, 35000, 24)
}

df_ventas = pd.DataFrame(data_ventas)

# Crear la aplicación de Dash
app = dash.Dash(__name__)
```

```python
# Diseño del dashboard
app.layout = html.Div([
  html.H1("Dashboard de Ventas Mensuales por Categoría de
Producto"),
  dcc.Dropdown(
  id='product-dropdown',
  options=[{'label': col, 'value': col} for col in
df_ventas.columns[1:]],
  value=[df_ventas.columns[1]],
  multi=True
  ),
  dcc.Graph(id='sales-graph')
])

# Callback para actualizar el gráfico según la selección del
usuario
@app.callback(
  dash.dependencies.Output('sales-graph', 'figure'),
  [dash.dependencies.Input('product-dropdown', 'value')]
)
def update_graph(selected_products):
  filtered_df = df_ventas[['Mes'] + selected_products]
  fig = px.line(filtered_df, x='Mes', y=selected_products,
title='Ventas Mensuales por Categoría de Producto')
  fig.update_xaxes(title_text='Mes')
  fig.update_yaxes(title_text='Ventas')
  return fig

if __name__ == '__main__':
  app.run_server(debug=True)
```

Este código crea un dashboard básico utilizando Dash. La aplicación consta de un menú desplegable que permite al usuario seleccionar las categorías de productos a mostrar en el gráfico. Al seleccionar las categorías, el gráfico se actualiza dinámicamente para mostrar las ventas mensuales correspondientes. Esta es una estructura inicial, pero puedes personalizar y ampliar la funcionalidad del dashboard según tus necesidades específicas.

Resultado:

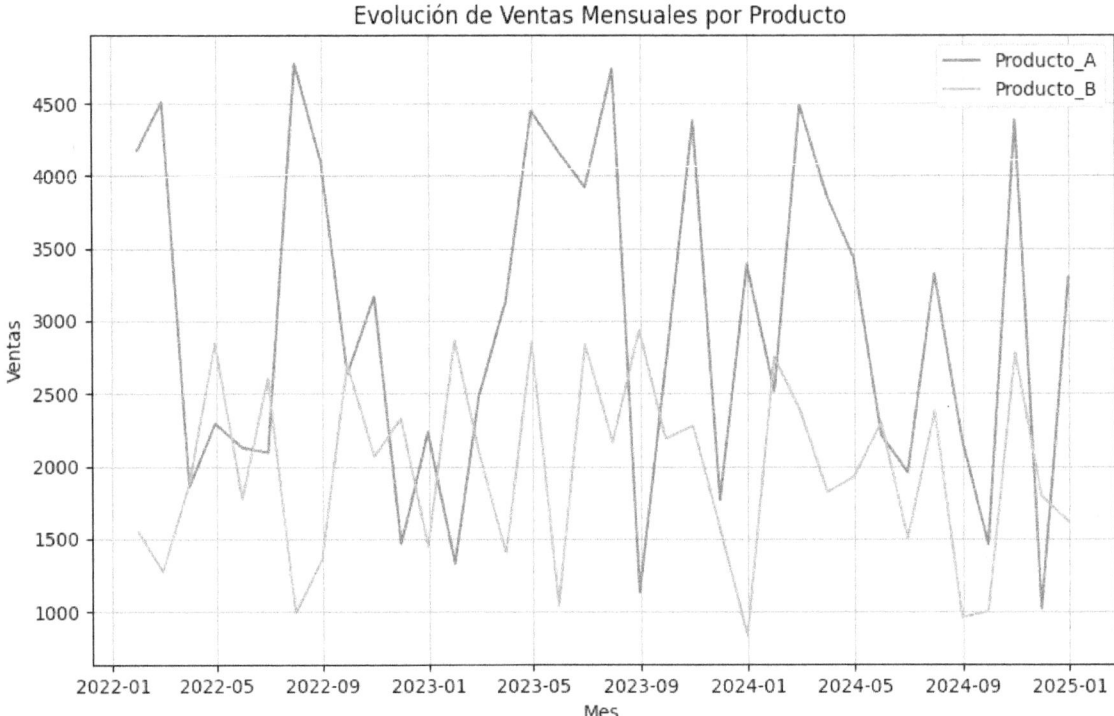

Ejercicio 70. Gráficos Interactivos con Dash.

Aquí te muestro un ejemplo similar utilizando Dash, pero en este caso, crearemos un dashboard con dos gráficos interactivos que representan la evolución de las ventas mensuales por dos categorías de productos distintas, permitiendo al usuario seleccionar los meses a visualizar.

```
import pandas as pd
import numpy as np
import dash
from dash import dcc, html
import plotly.express as px

# Datos de ventas mensuales por categoría de productos
np.random.seed(42)
data_ventas = {
 'Mes': pd.date_range(start='2022-01-01', periods=24,
freq='M'),
 'Electrónicos': np.random.randint(10000, 50000, 24),
 'Ropa': np.random.randint(5000, 30000, 24),
}

df_ventas = pd.DataFrame(data_ventas)

# Crear la aplicación de Dash
app = dash.Dash(__name__)

# Diseño del dashboard
app.layout = html.Div([
 html.H1("Dashboard de Ventas Mensuales por Categoría de
Producto"),
 dcc.Dropdown(
 id='month-dropdown',
 options=[{'label': mes.strftime('%B %Y'), 'value': mes} for
mes in df_ventas['Mes']],
 value=[df_ventas['Mes'][0]],
```

```python
    multi=True
    ),
    html.Div([
    dcc.Graph(id='sales-graph-electronics'),
    dcc.Graph(id='sales-graph-clothing')
    ])
])


# Callback para actualizar los gráficos según la selección del
usuario
@app.callback(
    [dash.dependencies.Output('sales-graph-electronics',
'figure'),
    dash.dependencies.Output('sales-graph-clothing', 'figure')],
    [dash.dependencies.Input('month-dropdown', 'value')]
)
def update_graph(selected_months):
    filtered_df =
df_ventas[df_ventas['Mes'].isin(selected_months)]

    fig_electronics = px.line(filtered_df, x='Mes',
y='Electrónicos', title='Ventas Mensuales de Electrónicos')
    fig_electronics.update_xaxes(title_text='Mes')
    fig_electronics.update_yaxes(title_text='Ventas')

    fig_clothing = px.line(filtered_df, x='Mes', y='Ropa',
title='Ventas Mensuales de Ropa')
    fig_clothing.update_xaxes(title_text='Mes')
    fig_clothing.update_yaxes(title_text='Ventas')

    return fig_electronics, fig_clothing

if __name__ == '__main__':
    app.run_server(debug=True)
```

Este código crea un dashboard con dos gráficos de líneas interactivos utilizando
Dash. El usuario puede seleccionar los meses a visualizar a través de un menú
desplegable. Los gráficos se actualizan dinámicamente para mostrar la evolución de
las ventas mensuales de Electrónicos y Ropa según los meses seleccionados. Esto
proporciona una manera interactiva de explorar las ventas por categoría de producto
en diferentes periodos de tiempo.

Ejercicio 71. Dashboard Múltiples Gráficos.

Creemos un dashboard que contenga múltiples tipos de gráficos utilizando Dash. Este ejemplo incluirá un gráfico de líneas, un gráfico de barras, un gráfico circular (pie chart) y un gráfico de dispersión.

```python
import pandas as pd
import numpy as np
import dash
from dash import dcc, html
import plotly.express as px

# Datos de ejemplo
np.random.seed(42)
data = {
 'Mes': pd.date_range(start='2022-01-01', periods=10,
freq='M'),
 'Ventas': np.random.randint(1000, 5000, 10),
 'Ingresos': np.random.randint(500, 2000, 10),
 'Gastos': np.random.randint(300, 1500, 10),
 'Producto': ['A', 'B', 'C', 'A', 'B', 'C', 'A', 'B', 'C',
'A'],
 'Calificación': np.random.randint(1, 10, 10)
}

df = pd.DataFrame(data)

# Crear la aplicación de Dash
app = dash.Dash(__name__)

# Diseño del dashboard
app.layout = html.Div([
 html.H1("Dashboard con Múltiples Tipos de Gráficos"),
 dcc.Graph(id='line-chart'),
 dcc.Graph(id='bar-chart'),
 dcc.Graph(id='pie-chart'),
 dcc.Graph(id='scatter-chart')
```

```
])

# Callback para actualizar los gráficos
@app.callback(
 [dash.dependencies.Output('line-chart', 'figure'),
  dash.dependencies.Output('bar-chart', 'figure'),
  dash.dependencies.Output('pie-chart', 'figure'),
  dash.dependencies.Output('scatter-chart', 'figure')],
  [dash.dependencies.Input('line-chart', 'value')]
)
def update_graph(selected_value):
 line_chart = px.line(df, x='Mes', y=selected_value,
title='Gráfico de Líneas')

 bar_chart = px.bar(df, x='Mes', y=selected_value,
title='Gráfico de Barras')

 pie_chart = px.pie(df, names='Producto',
values=selected_value, title='Gráfico Circular')

 scatter_chart = px.scatter(df, x='Ingresos', y='Gastos',
size='Calificación', color='Producto',
 title='Gráfico de Dispersión')

 return line_chart, bar_chart, pie_chart, scatter_chart

if __name__ == '__main__':
 app.run_server(debug=True)
```

Este código utiliza Dash para crear un dashboard con cuatro gráficos diferentes. El usuario puede interactuar con los gráficos seleccionando una variable para visualizar en cada uno de ellos. El dashboard incluye un gráfico de líneas, un gráfico de barras, un gráfico circular (pie chart) y un gráfico de dispersión, lo que brinda una variedad de visualizaciones para explorar los datos desde diferentes perspectivas.